Die Wundertüte

Alte und neue Gedichte
für Kinder

Herausgegeben von
Heinz-Jürgen Kliewer

Philipp Reclam jun. Stuttgart

Mit 15 Illustrationen

Universal-Bibliothek Nr. 40003
Alle Rechte vorbehalten
© 1989 Philipp Reclam jun. GmbH & Co., Stuttgart
Einbandgestaltung: Werner Rüb, Bietigheim
Gesamtherstellung: Reclam, Ditzingen. Printed in Germany 1989
RECLAM und UNIVERSAL-BIBLIOTHEK sind eingetragene
Warenzeichen der Philipp Reclam jun. GmbH & Co., Stuttgart
ISBN 3-15-040003-1

Inhalt

ANONYM
Das bucklige Männlein 19
Auf einem Gummi-Gummi-Berg 20
Die schöne, junge Lilofee 20
Dunkel war's, der Mond schien helle 21
Es tanzt ein Bi-Ba-Butzemann 22
Himpelchen und Pimpelchen 22
Laternenlied 23
Morgens früh um sechs 23
Zu Regensburg auf der Kirchturmspitz 24
Des Abends, wenn ich früh aufsteh 25
Eine Kuh, die saß im Schwalbennest 25

MATTHIAS CLAUDIUS
Fritze 26
Abendlied 26
Ein Lied, hinterm Ofen zu singen 28

JOHANN BENJAMIN MICHAELIS
Der Milchtopf 29

GOTTFRIED AUGUST BÜRGER
Die Schatzgräber 30

JOHANN WOLFGANG GOETHE
Gefunden 31
Die Frösche 32

CHRISTIAN ADOLF OVERBECK
Fritzchen an den Mai 33

JOHANN GAUDENZ VON SALIS-SEEWIS
Herbstlied 34

CLEMENS BRENTANO
Wiegenlied 35

FRIEDRICH RÜCKERT
Vom Bäumlein, das andere Blätter hat gewollt . . . 35

HEINRICH HEINE
   Die Heil'gen Drei Könige aus Morgenland 38

AUGUST HEINRICH HOFFMANN VON FALLERSLEBEN
   Das Ährenfeld 39
   Rätsel 40
   Wettstreit 41

AUGUST KOPISCH
   Die Heinzelmännchen 41

EDUARD MÖRIKE
   Lied vom Winde 45
   Er ist's 46
   Septembermorgen 47
   Mausfallen-Sprüchlein 47
   Kinderszene 48

ROBERT REINICK
   Das Dorf 49
   Der Faule 50
   Vom schlafenden Apfel 52
   Was gehn den Spitz die Gänse an? 53
   Im Herbst 54

FRIEDRICH HALM
   Regenwetter 56

FRIEDRICH GÜLL
   Kletterbüblein 57
   Vom Büblein auf dem Eis 57

THEODOR FONTANE
   Herr von Ribbeck auf Ribbeck im Havelland 59

RUDOLF LÖWENSTEIN
   Die traurige Geschichte vom dummen Hänschen . . 60

GEORG CHRISTIAN DIEFFENBACH
   Dorfmusik 62
   Waldkonzert 63

WILHELM BUSCH
   Ein dicker Sack 64
   Fink und Frosch 65

LEWIS CARROLL
   Der Zipferlake 66

JULIUS LOHMEYER
   Wie Heini gratulierte 68

JOHANNES TROJAN
   Die Wohnung der Maus 69
   Wo bin ich gewesen? 69

RUDOLF BAUMBACH
   Die Gäste der Buche 70

HEINRICH SEIDEL
   April 71
   Das Huhn und der Karpfen 72
   Die Schaukel 73
   November 74

VIKTOR BLÜTHGEN
   Ach, wer doch das könnte! 75
   Die fünf Hühnerchen 76

GUSTAV FALKE
   Ausfahrt 76
   Närrische Träume 77

FRIDA SCHANZ
   Niemand 78

FRITZ UND EMILY KOEGEL
   Der Bratapfel 79

PAULA DEHMEL
   Seereise 80
   Die bösen Beinchen 81
   Mein Wagen 81
   Gutenachtliedchen 82

Lied vom Monde	83
Puppendoktor	84

RICHARD DEHMEL
Frecher Bengel	84
Die Schaukel	85

RICHARD UND PAULA DEHMEL
Wie Fitzebutze seinen alten Hut verliert	86

ERNST KREIDOLF
Nebel	87

ADOLF HOLST
Im See	88
Eislauf	88

CHRISTIAN MORGENSTERN
Das große Lalula	89
Die drei Spatzen	90
Fips	90
Wenn es Winter wird	91

ALWIN FREUDENBERG
Vom Riesen Timpetu	92

LULU VON STRAUSS UND TORNEY
Löwenzahn	93

EMIL WEBER
Fritzens ganze Familie	94

BÖRRIES FREIHERR VON MÜNCHHAUSEN
Das alizarinblaue Zwergenkind	94

ALBERT SERGEL
Löwenzahn	97
Nüsseknacken	97

JOACHIM RINGELNATZ
Die Ameisen	98
Volkslied	98
Im Park	99

Heimatlose	99
Kindergebetchen	100
Arm Kräutchen	101

HANS ARP
Märchen 102

FRED ENDRIKAT
Die Wühlmaus 102

GEORG BRITTING
Goldene Welt 103

JULIAN TUWIM
Die Lokomotive 103

BERTOLT BRECHT
Was ein Kind gesagt bekommt 106
Der Pflaumenbaum 106
Liedchen aus alter Zeit 107
Bitten der Kinder 107

ERICH KÄSTNER
Weihnachtslied, chemisch gereinigt 108
Das verhexte Telefon 109

RUDOLF OTTO WIEMER
Floskeln 111

MIRA LOBE
Der verdrehte Schmetterling 112

GUSTAV SICHELSCHMIDT
Lustiger Mond 113

SHEL SILVERSTEIN
Erfindung 113
Jimmy Spät und sein Fernsehgerät 114
Schattenwäsche 116

HANS BAUMANN
   Kinderhände 117
   Lesestunde 117
   Der Spiegel 118

FRIEDRICH HOFFMANN
   Spatzensalat 118

CHRISTINE BUSTA
   Wo holt sich die Erde die himmlischen Kleider? . . . 119
   Wovon träumt der Astronaut auf der Erde? 119
   Der Sommer 120
   Haferschluck, der fromme Löwe 120
   Weißt du, wie still der Fischer sitzt? 121
   Eine Gute-Nacht-Geschichte 121

HILDEGARD WOHLGEMUTH
   Schularbeiten machen 122
   Im Warenhaus 123
   Korczak und die Kinder 124
   Der Frieden, Kind, der Frieden 126

HANNA HANISCH
   Vom braven Oliver 127
   An einem Tag 128

DORIS MÜHRINGER
   Besuch der alten Dame 129

JO SCHULZ
   Zur Theorie der Purzelbäume 130

ERICH FRIED
   Humorlos 131

ILSE KLEBERGER
   Frühling 131
   Sommer 132
   Herbst 133
   Winter 133

MAX KRUSE
  Herr Schneck 134
  Zeit-Wörter 135
  Mein Glück 136

HANS GEORG LENZEN
  Regen 137

FRANZ FÜHMANN
  Des Teufes ruß'ger Gesell 137
  Lob des Ungehorsams 139

JOSEF GUGGENMOS
  Auf dieser Erde 140
  Ich weiß einen Stern 140
  Das Gewitter 141
  So geht es in Grönland 142
  Ein Elefant marschiert durchs Land 143
  Die Tulpe 143
  Verkündigung 144
  Kater, Maus und Fußballspiel 145
  Geschichte vom Wind 146
  Das Fischlein im Weiher 148
  Wenn ein Auto kommt 149
  Robo 149
  Ungenügend 151
  Auf dem Markt in Bengalen 151
  Begegnung 151
  Verlassenes Haus 152

HANS ADOLF HALBEY
  Traktor-Geknatter 153
  Pampelmusensalat 153
  Trotzdem 154
  Schimpfonade 155
  Kleine Turnübung 155

WERNER HALLE
  A E I O U 156

FRITZ SENFT
   Tante Ellen 157

URSULA WÖLFEL
   Ostern 157

VERA FERRA-MIKURA
   Vieles ist aus Holz gemacht 158

ROSWITHA FRÖHLICH
   Lottchen, Lottchen 159
   Meine Tante Ernestine 159

HANS STEMPEL / MARTIN RIPKENS
   Kinderkram 160
   Willkommen an Bord 160

ERNST JANDL
   ottos mops 162
   fünfter sein 162
   und weinte bitterlich 163

ELISABETH BORCHERS
   Mai 164
   August 165
   September 165
   November 166

JAMES KRÜSS
   Die knipsverrückte Dorothee 167
   Das Feuer 169
   Marmelade, Schokolade 170
   Ameisenkinder 172
   Wenn die Möpse Schnäpse trinken 172

RUDOLF NEUMANN
   Elefant im Großstadtlärm 174
   Geschäftsgeist 175

CHRISTA REINIG
   Teppichlitanei 176

LAURA E. RICHARDS
  Eletelefon 177
JULIUS BECKE
  Maria schickt den Michael auf den Schulweg 178
  Naturlehre 179
GÜNTER BRUNO FUCHS
  Für ein Kind 180
PETER HACKS
  Ballade vom schweren Leben des Ritters Kauz vom
      Rabensee. 180
  Ladislaus und Komkarlinchen 183
  Der Walfisch 184
  Der Winter 185
PETER HÄRTLING
  zum auszählen 185
EVA RECHLIN
  In dieser Minute 186
  An die Mutter zum Muttertag 187
  Der Frieden 188
DOROTHEE SÖLLE
  Vom baum lernen 189
  Weisheit der indianer 189
MICHAEL ENDE
  Ein Schnurps grübelt 190
  Ein sehr kurzes Märchen 191
  Die Ausnahme 191
GÜNTER KUNERT
  Über einige Davongekommene 192
  Kinderlied vom raschen Reichwerden 192
  Zähne 193
  Wie man zu seinem Kopf kommt 194

JOSEF REDING
   Überfluß und Hungersnot 195
   Meine Stadt 196

EVA STRITTMATTER
   Die Drossel singt 198

JANOSCH
   Eins zwei drei, Herr Poliziste 199
   Das Liebesbrief-Ei 199

HEINZ KAHLAU
   Junger Naturforscher. 200

HANS MANZ
   Katharina 201
   Hans 202
   Achterbahnträume 202
   Wiedersehen 203
   Fürs Familienalbum 203
   Bericht aus der Natur 204

GERD HOFFMANN
   Blöd! 204

JÜRGEN SPOHN
   Vier 205
   Kindergedicht 205
   »Kindergedicht« 206
   Ein Schauder 208
   Ernste Frage 208
   Wo ist die Zeit 209

IRMELA BRENDER
   Ein Kind braucht seine Ruhe 210

RICHARD BLETSCHACHER
   Kinderküche 211
   Neues vom Rumpelstilzchen 212

DIETER MUCKE
- Chaplin 212
- Vermutung 213
- Die einfältige Glucke 214
- Die fliegende Kaffeemühle 215
- Baden 215
- Pantomime 216
- Die Strafe 216
- Vorfrühling 217
- Die Erfindung 218

CHRISTINE NÖSTLINGER
- Mein Vater 219
- Ich schiele 219

KARLHANS FRANK
- Das Haus des Schreibers 220
- Eine berühmte Prinzessin 221
- Krimi 222
- Maikäfer 222

ROBERT GERNHARDT
- Wenn die weißen Riesenhasen 223
- Wie kann man übers Wasser laufen 223
- Heut singt der Salamanderchor 224

HELMUT GLATZ
- Weil ich bin 225

MARIANNE KREFT
- Anja 226

BERND JENTZSCH
- Februar 1945 226

SUSANNE KILIAN
- Kindsein ist süß? 227
- Irgendwann fängt etwas an 228

UWE TIMM
- Mitten im kalten Winter 228

FRANZ HOHLER
  Der Pfingstspatz 229
KLAUS KORDON
  Wunsch 230
FRANTZ WITTKAMP
  Vielleicht 230
  Als die Prinzessin den Ring verlor 230
  Da oben auf dem Berge 231
  Der Wald ist endlos 231
  Gestern hab ich mir vorgestellt 232
  Nichts gelesen, nichts geschrieben 232
  Übermorgen bin ich verreist 232
  Verlegen blickte der Bär mich an 232
  Wenn der Bär nach Hause kommt 232
  Wie gut, daß ein Hase nicht lesen kann 235
HARALD BRAEM
  Ich schenke dir diesen Baum 236
ANDRÉ HELLER
  damals 237
MICHAEL KUMPE
  Schneewittchen 237
PETER MAIWALD
  Was ein Kind braucht 239
ALFONS SCHWEIGGERT
  Was braucht ein Soldat im Krieg? 240
HANS GEORG BULLA
  Mein weißer Wal am blauen Himmel 241
JOSEF WITTMANN
  dornresal / Dornröschen 242

MARTIN AUER
  Tischrede 243
  Über die Erde 244
  Über die Erden 245
  Zufall 246

LUTZ RATHENOW
  Ein Riese hatte Riesenhände 247

GEORG BYDLINSKI
  Die Dinge reden 247

CLAUDIA LEHNA
  Thomas überlegt 248

Anhang
  Verzeichnis der Autoren, Gedichte und Quellen . . 251
  Nachwort 283
  Literaturhinweise 303
  Verzeichnis der Überschriften und Anfänge 305

ANONYM

Das bucklige Männlein

Will ich in mein Gärtlein gehn,
Will mein Zwiebeln gießen;
Steht ein bucklicht Männlein da,
Fängt als an zu niesen.

Will ich in mein Küchel gehn,
Will mein Süpplein kochen;
Steht ein bucklicht Männlein da,
Hat mein Töpflein brochen.

Will ich in mein Stüblein gehn,
Will mein Müslein essen;
Steht ein bucklicht Männlein da,
Hat's schon halber gessen.

Will ich auf mein Boden gehn,
Will mein Hölzlein holen;
Steht ein bucklicht Männlein da,
Hat mir's halber g'stohlen.

Will ich in mein Keller gehn,
Will mein Weinlein zapfen;
Steht ein bucklicht Männlein da,
Tut mir'n Krug wegschnappen.

Setz ich mich ans Rädlein hin,
Will mein Fädlein drehen;
Steht ein bucklicht Männlein da,
Läßt mir's Rad nicht gehen.

Geh ich in mein Kämmerlein,
Will mein Bettlein machen;
Steht ein bucklicht Männlein da,
Fängt als an zu lachen.

Wenn ich an mein Bänklein knie,
Will ein bißlein beten;
Steht ein bucklicht Männlein da,
Fängt als an zu reden.

Liebes Kindlein ach, ich bitt,
Bet fürs bucklicht Männlein mit!

Auf einem Gummi-Gummi-Berg,
da wohnt ein Gummi-Gummi-Zwerg,
der Gummi-Gummi-Zwerg
hat eine Gummi-Gummi-Frau,
die Gummi-Gummi-Frau
hat ein Gummi-Gummi-Kind,
das Gummi-Gummi-Kind
hat ein Gummi-Gummi-Kleid,
das Gummi-Gummi-Kleid
hat ein Gummi-Gummi-Loch,
und du bist es doch!

Die schöne, junge Lilofee

Es freit' ein wilder Wassermann
in der Burg wohl über dem See,
des Königs Tochter mußt er han,
die schöne, junge Lilofee.

Sie hörte drunten die Glocken gehn
im tiefen, tiefen See,
wollt Vater und Mutter wiedersehn,
die schöne, junge Lilofee.

Und als sie vor dem Tore stand
auf der Burg wohl über dem See,
da neigt' sich Laub und grünes Gras
vor der schönen, jungen Lilofee.

Und als sie aus der Kirche kam
von der Burg wohl über dem See,
da stand der wilde Wassermann
vor der schönen, jungen Lilofee.

»Sprich, willst du hinuntergehn mit mir
von der Burg wohl über dem See,
deine Kindlein unten weinen nach dir,
du schöne, junge Lilofee.«

»Und eh ich die Kindlein weinen laß
im tiefen, tiefen See,
scheid ich von Laub und grünem Gras,
ich arme, junge Lilofee.«

Dunkel war's, der Mond schien helle,
Schneebedeckt die grüne Flur,
Als ein Wagen blitzesschnelle
Langsam um die Ecke fuhr.
Drinnen saßen stehend Leute,
Schweigend ins Gespräch vertieft,

Während ein geschoßner Hase
Auf der Wiese Schlittschuh lief.
Und auf einer roten Bank,
Die blau angestrichen war,
Saß ein blondgelockter Jüngling
Mit kohlrabenschwarzem Haar.
Neben ihm 'ne alte Schachtel
Zählte kaum erst sechzehn Jahr,
Und sie aß ein Butterbrot,
Das mit Schmalz bestrichen war.
Droben auf dem Apfelbaume,
Der sehr süße Birnen trug,
Hing des Frühlings letzte Pflaume
Und an Nüssen noch genug.

Es tanzt ein Bi-Ba-Butzemann
in unserm Haus herum, widibum,
er rüttelt sich, er schüttelt sich,
er wirft sein Säcklein hinter sich.
Es tanzt ein Bi-Ba-Butzemann
in unserm Haus herum.

Himpelchen und Pimpelchen,
die gingen auf einen Berg.
Himpelchen war ein Heinzelmann,
und Pimpelchen war ein Zwerg.
Sie blieben lange da oben sitzen
und wackelten mit den Zipfelmützen.

Doch nach fünfundsiebzig Wochen
sind sie in den Berg gekrochen,
schlafen da in guter Ruh,
seid mal still und hört mal zu.

Laternenlied

Ich geh mit meiner Laterne
und meine Laterne mit mir.
Dort oben leuchten die Sterne,
hier unten leuchten wir.
Mein Licht ist aus,
ich geh nach Haus.
Rabimmel, rabammel, rabumm!

Morgens früh um sechs
kommt die kleine Hex;
morgens früh um sieben
schabt sie gelbe Rüben;
morgens früh um acht
wird der Kaffee gemacht;
morgens früh um neune
geht sie in die Scheune;
morgens früh um zehne
holt sie Holz und Späne;
feuert an um elfe,
kocht sie bis um zwölfe
Fröschebein und Krebs und Fisch.
Hurtig, Kinder, kommt zu Tisch!

Zu Regensburg auf der Kirchturmspitz,
Da kamen die Schneider z'samm'.
Da ritten ihrer neunzig,
Ja neunmal neunundneunzig
Auf einem Gockelhahn.

Und als die Schneider Jahrestag hatten,
Da waren sie alle froh.
Da aßen ihrer neunzig,
Ja neunmal neunundneunzig
An einem gebratenen Floh.

Und als sie nun gegessen hatten,
Da waren sie voller Mut.
Da tranken ihrer neunzig,
Ja neunmal neunundneunzig
Aus einem Fingerhut.

Und als sie nun getrunken hatten,
Da kamen sie in die Hitz.
Da tanzten ihrer neunzig,
Ja neunmal neunundneunzig
Auf einer Nadelspitz.

Und als sie nun getanzet hatten,
Da sah man sie nicht mehr.
Da krochen ihrer neunzig,
Ja neunmal neunundneunzig
In eine Lichtputzscher.

Und als sie nun im Schlafen waren,
Da knispelt eine Maus.
Da schlüpften ihrer neunzig,

Ja neunmal neunundneunzig
Zum Schlüsselloch hinaus.

Und was ein rechter Schneider ist,
Der wieget sieben Pfund.
Und wenn er das nicht wiegen tut,
Ja wia-wia-wiegen tut,
Dann ist er nicht gesund.

Des Abends, wenn ich früh aufsteh,
Des Morgens, wenn ich zu Bette geh,
Dann krähen die Hühner, dann gackelt der Hahn,
Dann fängt das Korn zu dreschen an.
Die Magd die steckt den Ofen ins Feuer,
Die Frau die schlägt drei Suppen in die Eier,
Der Knecht der kehrt mit der Stube den Besen,
Da sitzen die Erbsen die Kinder zu lesen.
O weh, wie sind mir die Stiefel geschwollen,
Daß sie nicht in die Beine nein wollen!
Nimm drei Pfund Stiefel und schmiere das Fett,
Dann stelle mir vor die Stiefel das Bett.

Eine Kuh, die saß im Schwalbennest
Mit sieben jungen Ziegen,
Sie feierten ihr Jubelfest
Und fingen an zu fliegen.
Der Esel zog Pantoffeln an,
Ist übers Haus geflogen.
Und wenn das nicht die Wahrheit ist,
So ist es doch gelogen.

MATTHIAS CLAUDIUS

Fritze

Nun mag ich auch nicht länger leben,
　Verhaßt ist mir des Tages Licht;
Denn sie hat Franze Kuchen gegeben,
　Mir aber nicht.

Abendlied

Der Mond ist aufgegangen
Die goldnen Sternlein prangen
　　Am Himmel hell und klar;
Der Wald steht schwarz und schweiget,
Und aus den Wiesen steiget
　　Der weiße Nebel wunderbar.

Wie ist die Welt so stille,
Und in der Dämmrung Hülle
　　So traulich und so hold!
Als eine stille Kammer,
Wo ihr des Tages Jammer
　　Verschlafen und vergessen sollt.

Seht ihr den Mond dort stehen? —
Er ist nur halb zu sehen,
　　Und ist doch rund und schön!
So sind wohl manche Sachen,
Die wir getrost belachen,
　　Weil unsre Augen sie nicht sehn.

Wir stolze Menschenkinder
Sind eitel arme Sünder,
    Und wissen gar nicht viel;
Wir spinnen Luftgespinste,
Und suchen viele Künste,
    Und kommen weiter von dem Ziel.

Gott, laß uns *dein* Heil schauen,
Auf nichts Vergänglichs trauen,
    Nicht Eitelkeit uns freun!
Laß uns einfältig werden,
Und vor dir hier auf Erden
    Wie Kinder fromm und fröhlich sein!

Wollst endlich sonder Grämen
Aus dieser Welt uns nehmen
    Durch einen sanften Tod!
Und, wenn du uns genommen,
Laß uns in Himmel kommen,
    Du unser Herr und unser Gott!

So legt euch denn, ihr Brüder,
In Gottes Namen nieder;
    Kalt ist der Abendhauch.
Verschon uns, Gott! mit Strafen,
Und laß uns ruhig schlafen!
    Und unsern kranken Nachbar auch!

Ein Lied
hinterm Ofen zu singen

Der Winter ist ein rechter Mann,
  Kernfest und auf die Dauer;
Sein Fleisch fühlt sich wie Eisen an,
  Und scheut nicht Süß noch Sauer.

War je ein Mann gesund, ist er's;
  Er krankt und kränkelt nimmer,
Weiß nichts von *Nachtschweiß* noch *Vapeurs*,
  Und schläft im kalten Zimmer.

Er zieht sein *Hemd* im Freien an,
  Und läßt's vorher nicht wärmen;
Und spottet über Fluß im Zahn
  Und Kolik in Gedärmen.

Aus Blumen und aus Vogelsang
  Weiß er sich nichts zu machen,
Haßt *warmen* Drang und *warmen* Klang
  Und alle *warme* Sachen.

Doch wenn die Füchse bellen sehr,
  Wenn's Holz im Ofen knittert,
Und um den Ofen Knecht und Herr
  Die Hände reibt und zittert;

Wenn Stein und Bein vor Frost zerbricht
  Und Teich' und Seen krachen;
Das klingt ihm gut, das haßt er nicht,
  Denn will er sich totlachen. –

Sein Schloß von Eis liegt ganz hinaus
  Beim Nordpol an dem Strande;
Doch hat er auch ein Sommerhaus
  Im lieben Schweizerlande.

Da ist er denn bald dort bald hier,
  Gut Regiment zu führen.
Und wenn er durchzieht, stehen wir
  Und sehn ihn an und frieren.

JOHANN BENJAMIN MICHAELIS

Der Milchtopf

Wohl aufgeschürzt, mit starken, weiten Schritten,
Den Milchtopf auf dem Kopf, ging Marthe nach der
                              Stadt,
Um ihre Sahne feilzubieten.
Weil doch nun beim Verkauf ein jeder Sorgen hat,
So überdachte sie, was, wenn's das Glück ihr gönnte,
Sie wohl damit gewinnen könnte.
Sechs Groschen, dachte sie, gibt mir doch jedermann,
Denn in der Stadt ist alles teuer.
Die streich ich also ein und lege sie mir an
Und kaufe mir, soweit sie reichen, Eier.
Die bring ich wieder in die Stadt.
Das Glück hat oft sein Spiel! Für das, was ich gewänne,
Kauft' ich mir lauter Hühner ein.
Dann legt mir eine jede Henne;
Ich zieh auch dreimal Brut. Wie wird sich Marthe freun,

Wenn so viel Hühner um sie flattern!
Die soll gewiß kein Fuchs ergattern!
Denn sind sie groß genug, so kauf ich mir ein Schwein.
Aus Kälbern, sagt man, werden Kühe.
Das Ferklein wird ja groß; ich spar auch keine Mühe,
Die Kleie hab ich schon dazu.
Wenn ich das Schwein verkauft, kauf ich mir eine Kuh;
Die wirft ein Kalb, ein Ding voll Mut, voll Feuer!
He, wie es springt! Hopf, Anna Marthe, hopf!
Hier springt sie – gute Nacht, Kalb, Kuh, Schwein,
                            Hühner, Eier –
Da lag der Topf.

GOTTFRIED AUGUST BÜRGER

Die Schatzgräber

Ein Winzer, der am Tode lag,
Rief seine Kinder an und sprach:
»In unserm Weinberg liegt ein Schatz,
Grabt nur darnach!« – »An welchem Platz?« –
Schrie alles laut den Vater an.
»Grabt nur!« – O weh! da starb der Mann.

Kaum war der Alte beigeschafft,
So grub man nach aus Leibeskraft.
Mit Hacke, Karst und Spaten ward
Der Weinberg um und um gescharrt.
Da war kein Kloß, der ruhig blieb;
Man warf die Erde gar durchs Sieb,

Und zog die Harken kreuz und quer
Nach jedem Steinchen hin und her.
Allein da ward kein Schatz verspürt
Und jeder hielt sich angeführt.

Doch kaum erschien das nächste Jahr,
So nahm man mit Erstaunen wahr,
Daß jede Rebe dreifach trug.
Da wurden erst die Söhne klug,
Sie gruben nun jahrein, jahraus
Des Schatzes immer mehr heraus.

JOHANN WOLFGANG GOETHE

Gefunden

Ich ging im Walde
So für mich hin,
Und nichts zu suchen,
Das war mein Sinn.

Im Schatten sah ich
Ein Blümchen stehn,
Wie Sterne leuchtend,
Wie Äuglein schön.

Ich wollt' es brechen,
Da sagt' es fein:
Soll ich zum Welken
Gebrochen sein?

Ich grub's mit allen
Den Würzlein aus,
Zum Garten trug ich's
Am hübschen Haus.

Und pflanzt' es wieder
Am stillen Ort;
Nun zweigt es immer
Und blüht so fort.

Die Frösche

Ein großer Teich war zugefroren,
Die Fröschlein, in der Tiefe verloren,
Durften nicht ferner quaken noch springen,
Versprachen sich aber, im halben Traum,
Fänden sie nur da oben Raum,
Wie Nachtigallen wollten sie singen.
Der Tauwind kam, das Eis zerschmolz,
Nun ruderten sie und landeten stolz,
Und saßen am Ufer weit und breit
Und quakten wie vor alter Zeit.

CHRISTIAN ADOLF OVERBECK

Fritzchen an den Mai

Komm, lieber Mai, und mache
Die Bäume wieder grün
Und laß mir an dem Bache
Die kleinen Veilchen blühn!
Wie möcht ich doch so gerne
Ein Blümchen wieder sehn!
Ach, lieber Mai, wie gerne
Einmal spazierengehn!

In unsrer Kinderstube
Wird mir die Zeit so lang,
Bald werd ich armer Bube
Vor Ungeduld noch krank.
Auch bei den kurzen Tagen
Muß ich mich obendrein
Mit den Vokabeln plagen
Und immer fleißig sein.

Mein neues Steckenpferdchen
Muß jetzt im Winkel stehn,
Denn draußen in dem Gärtchen
Kann man vor Schnee nicht gehn.
Im Zimmer ist's zu enge
Und stäubt auch gar zu viel,
Und die Mama ist strenge,
Sie schilt aufs Kinderspiel.

Am meisten aber dauert
Mich Fiekchens Herzeleid;

Das arme Mädchen lauert
Auch auf die Blumenzeit.
Umsonst hol ich ihr Spielchen
Zum Zeitvertreib heran;
Sie sitzt in ihrem Stühlchen
Und sieht mich kläglich an.

Ach, wenn's doch erst gelinder
Und grüner draußen wär!
Komm, lieber Mai, wir Kinder,
Wir bitten gar zu sehr!
O komm und bring vor allen
Uns viele Rosen mit!
Bring auch viel Nachtigallen
Und schöne Kuckucks mit!

JOHANN GAUDENZ VON SALIS-SEEWIS

Herbstlied

Bunt sind schon die Wälder,
gelb die Stoppelfelder,
und der Herbst beginnt.

Rote Blätter fallen,
graue Nebel wallen,
kühler weht der Wind.

CLEMENS BRENTANO

Wiegenlied

Singet leise, leise, leise,
Singt ein flüsternd Wiegenlied,
Von dem Monde lernt die Weise,
Der so still am Himmel zieht.

Denn es schlummern in dem Rheine
Jetzt die lieben Kindlein klein,
Ameleya wacht alleine
Weinend in dem Mondenschein.

Singt ein Lied so süß gelinde,
Wie die Quellen auf den Kieseln,
Wie die Bienen um die Linde
Summen, murmeln, flüstern, rieseln.

FRIEDRICH RÜCKERT

Vom Bäumlein, das andere Blätter hat gewollt

Es ist ein Bäumlein gestanden im Wald,
In gutem und schlechtem Wetter;
Das hat von unten bis oben
Nur Nadeln gehabt statt Blätter;
Die Nadeln die haben gestochen,
Das Bäumlein das hat gesprochen:

Alle meine Kameraden
Haben schöne Blätter an,
Und ich habe nur Nadeln,
Niemand rührt mich an;
Dürft ich wünschen, wie ich wollt,
Wünscht ich mir Blätter von lauter Gold.

Wie's Nacht ist, schläft das Bäumlein ein,
Und früh ist's aufgewacht;
Da hatt es goldene Blätter fein,
Das war eine Pracht!
Das Bäumlein spricht: Nun bin ich stolz;
Goldne Blätter hat kein Baum im Holz.

Aber wie es Abend ward,
Ging der Jude durch den Wald,
Mit großem Sack und großem Bart,
Der sieht die goldnen Blätter bald;
Er steckt sie ein, geht eilends fort,
Und läßt das leere Bäumlein dort.

Das Bäumlein spricht mit Grämen:
Die goldnen Blättlein dauern mich;
Ich muß vor den andern mich schämen,
Sie tragen so schönes Laub an sich;
Dürft ich mir wünschen noch etwas,
So wünscht ich mir Blätter von hellem Glas.

Da schlief das Bäumlein wieder ein,
Und früh ist's wieder aufgewacht;
Da hatt es glasene Blätter fein,
Das war eine Pracht!
Das Bäumlein spricht: Nun bin ich froh;
Kein Baum im Walde glitzert so.

Da kam ein großer Wirbelwind
Mit einem argen Wetter,
Der fährt durch alle Bäume geschwind,
Und kommt an die glasenen Blätter;
Da lagen die Blätter von Glase
Zerbrochen in dem Grase.

Das Bäumlein spricht mit Trauern:
Mein Glas liegt in dem Staub,
Die andern Bäume dauern
Mit ihrem grünen Laub;
Wenn ich mir noch was wünschen soll,
Wünsch ich mir grüne Blätter wohl.

Da schlief das Bäumlein wieder ein,
Und wieder früh ist's aufgewacht;
Da hatt es grüne Blätter fein.
Das Bäumlein lacht,
Und spricht: Nun hab ich doch Blätter auch,
Daß ich mich nicht zu schämen brauch.

Da kommt mit vollem Euter
Die alte Geiß gesprungen;
Sie sucht sich Gras und Kräuter
Für ihre Jungen;
Sie sieht das Laub, und fragt nicht viel,
Sie frißt es ab mit Stumpf und Stiel.

Da war das Bäumlein wieder leer,
Es sprach nun zu sich selber:
Ich begehre nun keine Blätter mehr,
Weder grüner, noch roter, noch gelber!
Hätt ich nur meine Nadeln,
Ich wollte sie nicht tadeln.

Und traurig schlief das Bäumlein ein,
Und traurig ist es aufgewacht;
Da besieht es sich im Sonnenschein,
Und lacht, und lacht!
Alle Bäume lachen's aus;
Das Bäumlein macht sich aber nichts draus.

Warum hat's Bäumlein denn gelacht,
Und warum denn seine Kameraden?
Es hat bekommen in einer Nacht
Wieder alle seine Nadeln,
Daß jedermann es sehen kann;
Geh 'naus, sieh's selbst, doch rühr's nicht an.

      Warum denn nicht?
      Weil's sticht.

HEINRICH HEINE

Die Heil'gen Drei Könige aus Morgenland,
Sie frugen in jedem Städtchen:
»Wo geht der Weg nach Bethlehem,
Ihr lieben Buben und Mädchen?«

Die Jungen und Alten, sie wußten es nicht,
Die Könige zogen weiter;
Sie folgten einem goldenen Stern,
Der leuchtete lieblich und heiter.

Der Stern blieb stehn über Josephs Haus,
Da sind sie hineingegangen;
Das Öchslein brüllte, das Kindlein schrie,
Die Heil'gen Drei Könige sangen.

AUGUST HEINRICH
HOFFMANN VON FALLERSLEBEN

Das Ährenfeld

Ein Leben war's im Ährenfeld
Wie sonst wohl nirgend auf der Welt:
Musik und Kirmes weit und breit
Und lauter Lust und Fröhlichkeit.

Die Grillen zirpten früh am Tag
Und luden ein zum Zechgelag:
Hier ist es gut! Herein, herein!
Hier schenkt man Tau und Blütenwein.

Der Käfer kam mit seiner Frau,
Trank hier ein Mäßlein kühlen Tau,
Und wo nur winkt' ein Blümelein,
Da kehrte gleich das Bienchen ein.

Den Fliegen ward die Zeit nicht lang,
Sie summten manchen frohen Sang.
Die Mücken tanzten ihren Reih'n
Wohl auf und ab im Sonnenschein.

Das war ein Leben rings umher,
Als ob es ewig Kirmes wär.
Die Gäste zogen aus und ein
Und ließen sich's gar wohl dort sein.

Wie aber geht es in der Welt?
Heut ist gemäht das Ährenfeld,
Zerstöret ist das schöne Haus,
Und hin ist Kirmes, Tanz und Schmaus.

Rätsel

Ein Männlein steht im Walde
Ganz still und stumm,
Es hat von lauter Purpur
Ein Mäntlein um.
Sagt, wer mag das Männlein sein,
Das da steht im Wald allein
Mit dem purpurroten Mäntelein?

Ein Männlein steht im Walde
Auf einem Bein,
Es hat auf seinem Haupte
Schwarz Käpplein klein.
Sagt, wer mag das Männlein sein,
Das da steht im Wald allein
Mit dem kleinen schwarzen Käppelein?

Das Männlein dort auf einem Bein,
Mit seinem roten Mäntelein
Und seinem schwarzen Käppelein,
Kann nur die Hagebutte sein!

Wettstreit

Der Kuckuck und der Esel,
Die hatten großen Streit,
Wer wohl am besten sänge
Zur schönen Maienzeit.

Der Kuckuck sprach: »Das kann ich!«
Und hub gleich an zu schrei'n.
»Ich aber kann es besser!«
Fiel gleich der Esel ein.

Das klang so schön und lieblich,
So schön von fern und nah;
Sie sangen alle beide:
»Kuku, Kuku, ia!«

AUGUST KOPISCH

Die Heinzelmännchen

Wie war zu Köln es doch vordem
Mit Heinzelmännchen so bequem!
Denn, war man faul, ... man legte sich
Hin auf die Bank und pflegte sich:
    Da kamen bei Nacht;
    Ehe man's gedacht,
Die Männlein und schwärmten
Und klappten und lärmten,

                Und rupften
                Und zupften,
        Und hüpften und trabten
        Und putzten und schabten ...
Und eh ein Faulpelz noch erwacht, ...
War all sein Tagewerk ... bereits gemacht!

Die Zimmerleute streckten sich
Hin auf die Spän' und reckten sich.
Indessen kam die Geisterschar
Und sah was da zu zimmern war.
            Nahm Meißel und Beil
            Und die Säg' in Eil;
        Sie sägten und stachen
        Und hieben und brachen,
                Berappten
                Und kappten,
        Visierten wie Falken
        Und setzten die Balken ...
Eh sich's der Zimmermann versah ...
Klapp, stand das ganze Haus ... schon fertig da!

Beim Bäckermeister war nicht Not,
Die Heinzelmännchen backten Brot.
Die faulen Burschen legten sich,
Die Heinzelmännchen regten sich –
            Und ächzten daher
            Mit den Säcken schwer!
        Und kneteten tüchtig
        Und wogen es richtig,
                Und hoben
                Und schoben,
        Und fegten und backten
        Und klopften und hackten.

Die Burschen schnarchten noch im Chor:
Da rückte schon das Brot, ... das neue, vor!

Beim Fleischer ging es just so zu:
Gesell und Bursche lag in Ruh.
Indessen kamen die Männlein her
Und hackten das Schwein die Kreuz und Quer.
        Das ging so geschwind
          Wie die Mühl' im Wind!
   Die klappten mit Beilen,
   Die schnitzten an Speilen,
       Die spülten,
       Die wühlten,
   Und mengten und mischten
   Und stopften und wischten.
Tat der Gesell die Augen auf ...
Wapp! hing die Wurst da schon im Ausverkauf!

Beim Schenken war es so: es trank
Der Küfer bis er niedersank,
Am hohlen Fasse schlief er ein,
Die Männlein sorgten um den Wein,
       Und schwefelten fein
       Alle Fässer ein,
   Und rollten und hoben
   Mit Winden und Kloben,
       Und schwenkten
       Und senkten,
   Und gossen und panschten
   Und mengten und manschten.
Und eh der Küfer noch erwacht,
War schon der Wein geschönt und fein gemacht!

Einst hatt' ein Schneider große Pein:
Der Staatsrock sollte fertig sein;
Warf hin das Zeug und legte sich
Hin auf das Ohr und pflegte sich.
   Da schlüpften sie frisch
   In den Schneidertisch;
  Da schnitten und rückten
  Und nähten und stickten,
   Und faßten
   Und paßten,
  Und strichen und guckten
  Und zupften und ruckten,
Und eh mein Schneiderlein erwacht:
War Bürgermeisters Rock ... bereits gemacht!

Neugierig war des Schneiders Weib,
Und macht sich diesen Zeitvertreib:
Streut Erbsen hin die andre Nacht,
Die Heinzelmännchen kommen sacht:
   Eins fähret nun aus,
   Schlägt hin im Haus,
  Die gleiten von Stufen
  Und plumpen in Kufen,
    Die fallen
    Mit Schallen,
  Die lärmen und schreien
  Und vermaledeien!
Sie springt hinunter auf den Schall
Mit Licht: husch husch husch husch! – verschwinden all!

O weh! nun sind sie alle fort
Und keines ist mehr hier am Ort!
Man kann nicht mehr wie sonsten ruhn,
Man muß nun alles selber tun!

Ein jeder muß fein
　　　Selbst fleißig sein,
　　Und kratzen und schaben
　　Und rennen und traben,
　　　　Und schniegeln
　　　　Und biegeln,
　　Und klopfen und hacken
　　Und kochen und backen.
Ach, daß es noch wie damals wär!
Doch kommt die schöne Zeit nicht wieder her!

EDUARD MÖRIKE

Lied vom Winde

Sausewind, Brausewind!
Dort und hier!
Deine Heimat sage mir!

»Kindlein, wir fahren
Seit viel vielen Jahren
Durch die weit weite Welt,
Und möchten's erfragen,
Die Antwort erjagen,
Bei den Bergen, den Meeren,
Bei des Himmels klingenden Heeren,
Die wissen es nie.
Bist du klüger als sie,
Magst du es sagen.
– Fort, wohlauf!
Halt uns nicht auf!

Kommen andre nach, unsre Brüder,
Da frag wieder.«

Halt an! Gemach,
Eine kleine Frist!
Sagt, wo der Liebe Heimat ist,
Ihr Anfang, ihr Ende?

»Wer's nennen könnte!
Schelmisches Kind,
Lieb ist wie Wind,
Rasch und lebendig,
Ruhet nie,
Ewig ist sie,
Aber nicht immer beständig.
– Fort! Wohlauf! auf!
Halt uns nicht auf!
Fort über Stoppel und Wälder und Wiesen!
Wenn ich dein Schätzchen seh,
Will ich es grüßen.
Kindlein, ade!«

Er ist's

Frühling läßt sein blaues Band
Wieder flattern durch die Lüfte,
Süße wohlbekannte Düfte
Streifen ahnungsvoll das Land;
Veilchen träumen schon,
Wollen balde kommen;
Horch, von fern ein leiser Harfenton! – –
　Frühling, ja, du bist's
Dich hab ich vernommen!

Septembermorgen

Im Nebel ruhet noch die Welt,
Noch träumen Wald und Wiesen:
Bald siehst du, wenn der Schleier fällt,
Den blauen Himmel unverstellt,
Herbstkräftig die gedämpfte Welt
In warmem Golde fließen.

Mausfallen-Sprüchlein
Das Kind geht dreimal um die Falle und spricht:

Kleine Gäste, kleines Haus.
Liebe Mäusin oder Maus,
Stell dich nur kecklich ein
Heut nacht bei Mondenschein!
Mach aber die Tür fein hinter dir zu,
Hörst du?
Dabei hüte dein Schwänzchen!
Nach Tische singen wir,
Nach Tische springen wir
Und machen ein Tänzchen:
Witt witt!
Meine alte Katze tanzt wahrscheinlich mit.

Kinderszene

Ein kleines Mädchen hat seines Vaters Rock angezogen, dessen Hut auf dem Kopf und den Stock in der Hand, um einen Doktor vorzustellen. Ein älteres Mädchen sitzt am Bett einer Docke, welcher soeben der Puls gefühlt wurde.

»Wie finden Sie das liebe Kind?« –
»Sie hat eben immer noch stark Fieber;
Das ist der böse Nordostwind.
Doch scheint die größte Gefahr vorüber.
Wie war der Appetit indessen?« –
»Seit gestern hat sie nichts gegessen.
Mein Bruder bracht ihr heute früh
Dies Törtchen mit, das möchte sie,
Ich wollte es aber doch nicht wagen,
Ohne Herrn Hofrat erst zu fragen.« –
»Es ist nur immer bei dem Zeug
Zu viel Gewürz und Butterteig.
Mit Erlaubnis – ich will es doch versuchen.
Hm – eine Art von Mandelkuchen!« –
»Herr Hofrat! Sie vergessen sich,
Sie essen ja ganz fürchterlich!
Alle Achtung vor Ihrem großen Hut!
Aber Sie haben besondre Manieren.« –
»Pardon! das Törtchen war gar zu gut.

Nachdem er sich geräuspert und der Patientin nochmals den Puls gefühlt

Lassen Sie nun eben das Mixtürchen repetieren;
Wir sehen ein paar Tage zu.
Ihr Diener!« – »Gute Nacht!« – »Recht angenehme
                              Ruh!«

ROBERT REINICK

Das Dorf

Steht ein Kirchlein im Dorf,
Geht der Weg dran vorbei,
Und die Hühner, die machen
Am Weg ein Geschrei.

Und die Tauben, die flattern
Da oben am Dach,
Und die Enten, die schnattern
Da unten am Bach.

Auf der Brück' steht ein Junge,
Der singt, daß es schallt,
Kommt ein Wagen gefahren,
Der Fuhrmann, der knallt.

Und der Wagen voll Heu,
Der kommt von der Wiese,
Und oben darauf
Sitzt der Hans und die Liese.

Die jodeln und juchzen
Und lachen alle beid',
Und das klingt durch den Abend,
Es ist eine Freud'!

Und dem König sein Thron,
Der ist prächtig und weich,
Doch im Heu zu sitzen
Dem kommt doch nichts gleich!

Und wär ich der König:
Gleich wär ich dabei
Und nähme zum Thron mir
Einen Wagen voll Heu.

Der Faule

»Heute nach der Schule gehen,
Da so schönes Wetter ist?
Nein, wozu denn immer lernen,
Was man später doch vergißt? –

Doch die Zeit wird lang mir werden,
Und wie bring ich sie herum?
Spitz! komm her! dich will ich lehren.
Hund, du bist mir viel zu dumm!

Andre Hund' in deinem Alter
Können dienen, Schildwach stehn,
Können tanzen, apportieren,
Auf Befehl ins Wasser gehn.

Ja, du denkst, es geht so weiter,
Wie du's sonst getrieben hast.
Nein, mein Spitz, jetzt heißt es lernen.
Hier! Komm her! Und aufgepaßt!

So – Nun stell dich in die Ecke –
Horch! den Kopf zu mir gericht't –
Pfötchen geben! – So! – noch einmal!
Sonst gibt's Schläge! – Willst du nicht?

Was? du knurrst? du willst nicht lernen?
Seht mir doch den faulen Wicht!
Wer nichts lernt, verdienet Strafe,
Kennst du diese Regel nicht?« –

Horch! – Wer kommt? – – Es ist der Vater,
Streng ruft er dem Knaben zu:
»Wer nichts lernt, verdienet Strafe!
Sprich! und was verdienest du?«

Vom schlafenden Apfel

Im Baum, im grünen Bettchen
Hoch oben sich ein Apfel wiegt,
Der hat so rote Bäckchen,
Man sieht's, daß er im Schlafe liegt.

Ein Kind steht unterm Baume,
Das schaut und schaut und ruft hinauf:
»Ach, Apfel, komm herunter!
Hör' endlich doch mit Schlafen auf.«

Es hat ihn so gebeten,
Glaubt ihr, der wäre aufgewacht?
Er rührt sich nicht im Bette,
Sieht aus, als ob im Schlaf er lacht.

Da kommt die liebe Sonne
Am Himmel hoch daher spaziert. –
»Ach Sonne, liebe Sonne!
Mach du, daß sich der Apfel rührt!«

Die Sonne spricht: »Warum nicht?«
Und wirft ihm Strahlen ins Gesicht.
Küßt ihn dazu so freundlich,
Der Apfel aber rührt sich nicht.

Nu schau! da kommt ein Vogel
Und setzt sich auf den Baum hinauf.
»Ei Vogel, du mußt singen,
Gewiß, gewiß, das weckt ihn auf!«

Der Vogel wetzt den Schnabel
Und singt ein Lied so wundernett,

Und singt aus voller Kehle, –
Der Apfel rührt sich nicht im Bett! – –

Und wer kam nun gegangen?
Es war der Wind, den kenn' ich schon,
Der küßt nicht und der singt nicht,
Der pfeift aus einem andern Ton.

Er stemmt in beide Seiten
Die Arme, bläst die Backen auf
Und bläst und bläst, und richtig,
Der Apfel wacht erschrocken auf,

Und springt vom Baum herunter
Grad' in die Schürze von dem Kind,
Das hebt ihn auf und freut sich
Und ruft: »Ich danke schön, Herr Wind!«

Was gehn den Spitz die Gänse an?

Es war einmal ein kleiner Spitz,
Der glaubt', er wär zu allem nütz,
Und kam ihm etwas in die Quer,
Da knurrt' und brummt' und bellt' er sehr. –

Nun wackelt einst von ungefähr
Frau Gans mit ihrem Mann daher,
Und vor den lieben Eltern wandern
Die Kinderchen, eins nach dem andern;
Und wie sie um die Ecke biegen,
Da schreien alle vor Vergnügen:

»Seht doch die Pfütze da! – Kommt hin!
Wie herrlich muß sich's schwimmen drin!«
Das sieht Herr Spitz und bellt sie an:
»Weg da! Weg da! Nu seht doch an!
Wie könnt ihr euch nur unterstehn
Ins Wasser so hinein zu gehn?
Wenn ich nicht wär dazu gelaufen,
Ihr müßtet jämmerlich ersaufen!«

Das macht der alten Gans nicht bange!
Sie zischt ihn an wie eine Schlange.
Da zieht mein Spitz sein Schwänzchen ein
Und läßt die Gänse Gänse sein,
Doch knurrt er noch im vollen Lauf: –
»Nu, wer versaufen will, versauf'!« – –

Die Gänschen aber, trotz dem Spitze,
Sie schwelgen recht in ihrer Pfütze;
Und immer noch aus weiter Fern
Hört bellen man den weisen Herrn. –
Bell er, so viel er bellen kann!
Was gehn den Spitz die Gänse an?

Im Herbst

Sonne hat sich müd gelaufen, spricht: »Nun laß ich's
                                                sein!«
Geht zu Bett und schließt die Augen und schläft ruhig
                                                ein.
 Sum, sum, sum,
 Mein Kindchen macht es ebenso,
 Mein Kindchen ist nicht dumm!

Bäumchen, das noch eben rauschte, spricht: »Was soll
das sein?
Will die Sonne nicht mehr scheinen, schlaf ich ruhig ein!«
  Sum, sum, sum,
  Mein Kindchen macht es ebenso,
  Mein Kindchen ist nicht dumm!

Vogel, der im Baum gesungen, spricht: »Was soll das
sein?
Will das Bäumchen nicht mehr rauschen, schlaf ich ruhig
ein!«
  Sum, sum, sum,
  Mein Kindchen macht es ebenso,
  Mein Kindchen ist nicht dumm!

Häschen spitzt die langen Ohren, spricht: »Was soll das
sein?
Hör ich keinen Vogel singen, schlaf ich ruhig ein!«
  Sum, sum, sum,
  Mein Kindchen macht es ebenso,
  Mein Kindchen ist nicht dumm!

Jäger höret auf zu blasen, spricht: »Was soll das sein?
Seh ich keinen Hasen laufen, schlaf ich ruhig ein.«
  Sum, sum, sum,
  Mein Kindchen macht es ebenso,
  Mein Kindchen ist nicht dumm!

Kommt der Mond und guckt herunter, spricht:
»Was soll das sein?

Kein Jäger lauscht?
Kein Häschen springt?
Kein Vogel singt?
Kein Bäumchen rauscht?
Kein Sonnenschein?
Und 's Kind allein
Sollt wach noch sein?«
Nein! nein! nein!
Lieb Kindchen macht die Augen zu,
Lieb Kindchen schläft schon ein!

FRIEDRICH HALM

Regenwetter

Was ist das für ein Wetter heut,
es regnet ja wie toll!
Die Straße ist ein großer See,
die Gosse übervoll.

Der Sperling duckt sich unters Dach,
so gut er eben kann,
und Karo liegt im Hundehaus
und knurrt das Wetter an.

Wir aber haben frohen Mut
und sehn dem Regen zu,
erzählen uns gar mancherlei
daheim in guter Ruh.

Laß regnen, was es regnen will!
Dem Regen seinen Lauf!
Und wenn's genug geregnet hat,
so hört's auch wieder auf.

FRIEDRICH GÜLL

Kletterbüblein

Steigt das Büblein auf den Baum,
Ei, wie hoch, man sieht es kaum!
Schlüpft von Ast zu Ästchen,
Hüpft zum Vogelnestchen.
Ui!
Da lacht es.
Hui!
Da kracht es.
Plumps, da liegt es drunten.

Vom Büblein auf dem Eis

Gefroren hat es heuer
Noch gar kein festes Eis.
Das Büblein steht am Weiher
Und spricht so zu sich leis:
Ich will es einmal wagen,
Das Eis, es muß doch tragen,
Wer weiß?

Das Büblein stampft und hacket
Mit seinen Stiefelein.
Das Eis auf einmal knacket,
Und krach, schon bricht's hinein!
Das Büblein platscht und krabbelt
Als wie ein Krebs und zappelt
Mit Schrei'n.

O helft, ich muß versinken
In lauter Eis und Schnee!
O helft, ich muß ertrinken
Im tiefen, tiefen See!
Wär nicht ein Mann gekommen,
Der sich ein Herz genommen,
O weh!

Der packt es bei dem Schopfe
Und zieht es dann heraus,
Vom Fuße bis zum Kopfe
Wie eine Wassermaus.
Das Büblein hat getropfet,
Der Vater hat's geklopfet
Zu Haus.

THEODOR FONTANE

Herr von Ribbeck auf Ribbeck im Havelland

Herr von Ribbeck auf Ribbeck im Havelland,
Ein Birnbaum in seinem Garten stand,
Und kam die goldene Herbsteszeit
Und die Birnen leuchteten weit und breit,
Da stopfte, wenn's Mittag vom Turme scholl,
Der von Ribbeck sich beide Taschen voll,
Und kam in Pantinen ein Junge daher,
So rief er: »Junge, wiste 'ne Beer?«
Und kam ein Mädel, so rief er: »Lütt Dirn,
Kumm man röwer, ick hebb 'ne Birn.«

So ging es viel Jahre, bis lobesam
Der von Ribbeck auf Ribbeck zu sterben kam.
Er fühlte sein Ende. 's war Herbsteszeit,
Wieder lachten die Birnen weit und breit,
Da sagte von Ribbeck: »Ich scheide nun ab.
Legt mir eine Birne mit ins Grab.«
Und drei Tage drauf, aus dem Doppeldachhaus,
Trugen von Ribbeck sie hinaus,
Alle Bauern und Büdner mit Feiergesicht
Sangen »Jesus meine Zuversicht«,
Und die Kinder klagten, das Herze schwer:
»He is dod nu. Wer giwt uns nu 'ne Beer?«

So klagten die Kinder. Das war nicht recht,
Ach, sie kannten den alten Ribbeck schlecht,
Der *neue* freilich, der knausert und spart,
Hält Park und Birnbaum strenge verwahrt.
Aber der *alte*, vorahnend schon
Und voll Mißtrauen gegen den eigenen Sohn,

Der wußte genau, was damals er tat,
Als um eine Birn ins Grab er bat,
Und im dritten Jahr, aus dem stillen Haus
Ein Birnbaumsprößling sproßt heraus.

Und die Jahre gehen wohl auf und ab,
Längst wölbt sich ein Birnbaum über dem Grab,
Und in der goldenen Herbsteszeit
Leuchtet's wieder weit und breit.
Und kommt ein Jung übern Kirchhof her,
So flüstert's im Baume: »Wist 'ne Beer?«
Und kommt ein Mädel, so flüstert's: »Lütt Dirn,
Kumm man röwer, ich gew di 'ne Birn.«

So spendet Segen noch immer die Hand
Des von Ribbeck auf Ribbeck im Havelland.

RUDOLF LÖWENSTEIN

Die traurige Geschichte vom dummen Hänschen

Hänschen will ein Tischler werden,
   Ist zu schwer der Hobel,
Schornsteinfeger will er werden,
   Doch das ist nicht nobel,
Hänschen will ein Bergmann werden,
   Mag sich doch nicht bücken,
Hänschen will ein Müller werden,
   Doch die Säcke drücken,
Hänschen will ein Weber werden,
   Doch das Garn zerreißt er:

Immer wenn er kaum begonnen,
  Jagt ihn fort der Meister.
Hänschen, Hänschen, denke dran,
Was aus dir noch werden kann.

Hänschen will ein Schlosser werden,
  Sind zu heiß die Kohlen,
Hänschen will ein Schuster werden,
  Sind zu hart die Sohlen,
Hänschen will ein Schneider werden,
  Doch die Nadeln stechen,
Hänschen will ein Glaser werden,
  Doch die Scheiben brechen.
Hänschen will Buchbinder werden –
  Riecht zu sehr der Kleister:
Immer, wenn er kaum begonnen
  Jagt ihn fort der Meister.
Hänschen, Hänschen denke dran,
Was aus dir noch werden kann.

Hänschen hat noch viel begonnen,
  Brachte Nichts zu Ende,
Drüber ist die Zeit verronnen:
  Schwach sind seine Hände,
Hänschen ist nun Hans geworden,
  Und er sitzt voll Sorgen,
Hungert, bettelt, weint und klaget
  Abends und am Morgen:
»Ach warum nicht war ich Dummer
  In der Jugend fleißig?
Was ich immer auch beginne –
  Dummer Hans nur heiß ich.« –
Ach, nun glaub ich selbst daran,
Daß aus mir nichts werden kann! –

GEORG CHRISTIAN DIEFFENBACH

Dorfmusik

Hoch auf dem Zaun der Gockelhahn
fängt die Musik mit Krähen an,
die Hühner stimmen lustig ein,
die Gans will auch nicht stille sein.

Die Ziege meckert in dem Stall,
es blöken laut die Schäflein all,
es bellt der Hund, und grunzend schrein
die Schweine alle, groß und klein.

Das Spätzlein selbst mit hellem Klang
stimmt an den lustigsten Gesang,
im tiefsten Basse brummt dazu
im Stalle hier die bunte Kuh.

Die Drescher in der Scheune dort,
sie schlagen flink in einem fort
den Takt dazu, daß laut es knallt
und weit das ganze Dorf hin schallt.

Das quiekt und schreit, das pfeift und summt,
das klopft und grunzt, das blökt und brummt! –
Wer hört je in der Stadt solch Stück?
Das ist die lust'ge Dorfmusik!

Waldkonzert

Konzert ist heute angesagt
im frischen, grünen Wald.

Die Musikanten stimmen schon –
hör, wie es lustig schallt! –
   Das jubiliert
   und musiziert,
   das schmettert und das schallt,
   das geigt und singt,
   das pfeift und klingt
im frischen, grünen Wald.

Der Distelfink spielt keck vom Blatt
die erste Violin;
sein Vetter Buchfink nebenan
begleitet lustig ihn.

Frau Nachtigall, die Sängerin,
die singt so hell und zart;
und Meister Hänfling bläst dazu
die Flöt nach bester Art.

Die Drossel spielt die Klarinett,
der Rab, der alte Mann,
streicht den verstimmten Brummelbaß,
so gut er streichen kann.

Der Kuckuck schlägt die Trommel gut,
die Lerche steigt empor
und schmettert mit Trompetenklang
voll Jubel in den Chor.

Musikdirektor ist der Specht,
er hat nicht Rast noch Ruh,
schlägt mit dem Schnabel, spitz und lang,
gar fein den Takt dazu.

Verwundert hören Has und Reh
das Fiedeln und das Schrei'n,
und Biene, Mück und Käferlein,
die stimmen surrend ein.
   Das jubiliert
   und musiziert,
   das schmettert und das schallt,
   das geigt und singt,
   das pfeift und klingt
   im frischen, grünen Wald.

WILHELM BUSCH

Ein dicker Sack – den Bauer Bolte,
Der ihn zur Mühle tragen wollte,
Um auszuruhn, mal hingestellt
Dicht bei ein reifes Ährenfeld –
Legt sich in würdevolle Falten
Und fängt 'ne Rede an zu halten.

Ich, sprach er, bin der volle Sack.
Ihr Ähren seid nur dünnes Pack.
Ich bin's, der euch auf dieser Welt
In Einigkeit zusammenhält.
Ich bin's, der hoch vonnöten ist,
Daß euch das Federvieh nicht frißt;

Ich, dessen hohe Fassungskraft
Euch schließlich in die Mühle schafft.
Verneigt euch tief, denn ich bin Der!
Was wäret ihr, wenn ich nicht wär?

Sanft rauschen die Ähren:
Du wärst ein leerer Schlauch, wenn wir nicht wären.

Fink und Frosch

Im Apfelbaume pfeift der Fink
Sein: pinkepink!
Ein Laubfrosch klettert mühsam nach
Bis auf des Baumes Blätterdach
Und bläht sich auf und quackt: »Ja ja!
Herr Nachbar, ick bin ock noch da!«

Und wie der Vogel frisch und süß
Sein Frühlingslied erklingen ließ,
Gleich muß der Frosch in rauhen Tönen
Den Schusterbaß dazwischen dröhnen.

»Juchheija heija!« spricht der Fink.
»Fort flieg ich flink!«
Und schwingt sich in die Lüfte hoch.
»Wat!« – ruft der Frosch. »Dat kann ick och!«
Macht einen ungeschickten Satz,
Fällt auf den harten Gartenplatz,
Ist platt, wie man die Kuchen backt,
Und hat für ewig ausgequackt.

*

Wenn einer, der mit Mühe kaum
Geklettert ist auf einen Baum,
Schon meint, daß er ein Vogel wär,
So irrt sich der.

LEWIS CARROLL

Der Zipferlake

Verdaustig wars, und glasse Wieben
Rotterten gorkicht im Gemank;
Gar elump war der Pluckerwank,
Und die gabben Schweisel frieben.

»Hab acht vorm Zipferlak, mein Kind!
Sein Maul ist beiß, sein Griff ist bohr!
Vorm Fliegelflagel sieh dich vor,
Dem mampfen Schnatterrind!«

Er zückt' sein scharfgebifftes Schwert,
Den Feind zu futzen ohne Saum,
Und lehnt' sich an den Dudelbaum
Und stand da lang in sich gekehrt,

In sich gekeimt, so stand er hier:
Da kam verschnoff der Zipferlak
Mit Flammenlefze angewackt
Und gurgt' in seiner Gier.

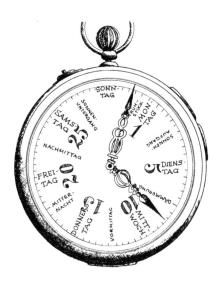

Mit eins! und zwei! und bis aufs Bein!
Die biffe Klinge ritscheropf!
Trennt er vom Hals den toten Kopf,
Und wichernd sprengt er heim.

»Vom Zipferlak hast uns befreit?
Komm an mein Herz, aromer Sohn!
O blumer Tag! O schlusse Fron!«
So kröpfte er vor Freud.

Verdaustig wars, und glasse Wieben
rotterten gorkicht im Gemank;
Gar elump war der Pluckerwank,
Und die gabben Schweisel frieben.

JULIUS LOHMEYER

Wie Heini gratulierte

Guten Morgen! – sollt ich sagen –
Und ein schönes Kompliment,
Und die Mutter ließ auch fragen,
Wie der Onkel sich befänd!

Und der Strauß wär aus dem Garten,
Wenn ihr etwa danach fragt.
An der Tür dann sollt ich warten,
Ob ihr mir auch etwas sagt.

Und hübsch grüßen sollt ich jeden
Und ganz still sein, wenn man spricht,
Und recht deutlich sollt ich reden;
Aber schreien sollt ich nicht.

Doch ich sollt mich auch nicht schämen;
Denn ich wär ja brav und fromm,
Nur vom Kopf das Mützerl nehmen,
Wenn ich in das Zimmer komm.

Wenn mir eins was geben wollte,
Sollt ich sagen: Danke schön!
Aber unaufhörlich sollte
Ich nicht nach der Torte sehn.

Und hübsch langsam sollt ich essen: –
Stopfen wär hier gar nicht Brauch, –
Und – bald hätt ich es vergessen –
Gratulieren sollt ich auch.

JOHANNES TROJAN

Die Wohnung der Maus

Ich frag die Maus:
 Wo ist dein Haus?
Die Maus darauf erwidert mir:
Sag's nicht der Katz, so sag ich's dir.
     Treppauf,
     Treppab,
     Erst rechts,
     Dann links,
  Dann wieder rechts
  Und dann gradaus –
  Das ist mein Haus,
Du wirst es schon erblicken!
  Die Tür ist klein,
  Und trittst du ein,
Vergiß nicht, dich zu bücken.

Wo bin ich gewesen?

Wo bin ich gewesen?
Nun rat einmal schön!

»Im Wald bist gewesen,
Das kann ich ja sehn.
Spinnweben am Kleidchen,
Tannadeln im Haar:
Das bringt ja nur mit,
Wer im Tannenwald war.«

Was tat ich im Walde?
Sprich, weißt du das auch?

»Hast Beerlein gepickt
Von dem Heidelbeerstrauch!
O sieh nur, wie blau
Um das Mündchen du bist!
Das bekommt man ja nur,
Wenn man Heidelbeern ißt.«

RUDOLF BAUMBACH

Die Gäste der Buche

Mietegäste vier im Haus
Hat die alte Buche.
Tief im Keller wohnt die Maus,
Nagt am Hungertuche.

Stolz auf seinen roten Rock
Und gesparten Samen
sitzt ein Protz im ersten Stock;
Eichhorn ist sein Namen.

Weiter oben hat der Specht
Seine Werkstatt liegen,
Hackt und zimmert kunstgerecht,
Daß die Späne fliegen.

Auf dem Wipfel im Geäst
Pfeift ein winzig kleiner
Musikante froh im Nest. –
Miete zahlt nicht einer.

HEINRICH SEIDEL

April

April! April!
Der weiß nicht, was er will.
Bald lacht der Himmel klar und rein,
Bald schaun die Wolken düster drein,
Bald Regen und bald Sonnenschein!
Was sind mir das für Sachen,
Mit Weinen und mit Lachen
Ein solch Gesaus zu machen!
April! April!
Der weiß nicht, was er will.

O weh! O weh!
Nun kommt er gar mit Schnee
Und schneit mir in den Blütenbaum,
In all den Frühlingswiegentraum!
Ganz greulich ist's, man glaubt es kaum:
Heut Frost und gestern Hitze,
Heut Reif und morgen Blitze;
Das sind so seine Witze.
O weh! O weh!
Nun kommt er gar mit Schnee!

Hurra! Hurra!
Der Frühling ist doch da!
Und kriegt der rauhe Wintersmann
Auch seinen Freund, den Nordwind, an
Und wehrt er sich, so gut er kann,
Es soll ihm nicht gelingen;
Denn alle Knospen springen,
Und alle Vöglein singen.
Hurra! Hurra!
Der Frühling ist doch da!

Das Huhn und der Karpfen

Auf einer Meierei
Da war einmal ein braves Huhn,
Das legte, wie die Hühner tun,
An jedem Tag ein Ei
Und kakelte,
Mirakelte,
Spektakelte,
Als ob's ein Wunder sei!

Es war ein Teich dabei,
Darin ein braver Karpfen saß
Und stillvergnügt sein Futter fraß,
Der hörte das Geschrei:
Wie's kakelte,
Mirakelte,
Spektakelte,
Als ob's ein Wunder sei.

Da sprach der Karpfen: »Ei!
Alljährlich leg' ich 'ne Million
Und rühm mich des mit keinem Ton;
Wenn ich um jedes Ei
So kakelte,
Mirakelte,
Spektakelte –
Was gäb's für ein Geschrei!«

Die Schaukel

Wie schön sich zu wiegen,
Die Luft zu durchfliegen
Am blühenden Baum!
Bald vorwärts vorüber,
Bald rückwärts hinüber, –
Es ist wie ein Traum!

Die Ohren, sie brausen,
Die Haare, sie sausen
Und wehen hintan!
Ich schwebe und steige
Bis hoch in die Zweige
Des Baumes hinan.

Wie Vögel sich wiegen,
Sich schwingen und fliegen
Im luftigen Hauch:
Bald hin und bald wider,
Hinauf und hernieder,
So fliege ich auch!

November

Solchen Monat muß man loben:
Keiner kann wie dieser toben,
Keiner so verdrießlich sein
Und so ohne Sonnenschein!
Keiner so in Wolken maulen,
Keiner so mit Sturmwind graulen!
Und wie naß er alles macht!
Ja, es ist 'ne wahre Pracht.

Seht das schöne Schlackerwetter!
Und die armen welken Blätter,
Wie sie tanzen in dem Wind
Und so ganz verloren sind!
Wie der Sturm sie jagt und zwirbelt
Und sie durcheinander wirbelt
Und sie hetzt ohn' Unterlaß:
Ja, das ist Novemberspaß!

Und die Scheiben, wie sie rinnen!
Und die Wolken, wie sie spinnen
Ihren feuchten Himmelstau
Ur und ewig, trüb und grau!
Auf dem Dach die Regentropfen:
Wie sie pochen, wie sie klopfen!
Und an jeder Traufe hängt
Trän' an Träne dicht gedrängt.

O, wie ist der Mann zu loben,
Der solch unvernünft'ges Toben
Schon im voraus hat bedacht
Und die Häuser hohl gemacht!

So daß wir im Trocknen hausen
Und mit stillvergnügtem Grausen
Und in wohlgeborgner Ruh
Solchem Greuel schauen zu!

VIKTOR BLÜTHGEN

Ach, wer doch das könnte!

Gemäht sind die Felder, der Stoppelwind weht,
Hoch droben in Lüften mein Drache nun steht,
Die Rippen von Holze, der Leib von Papier;
Zwei Ohren, ein Schwänzlein sind all seine Zier.
Und ich denk: So drauf liegen im sonnigen Strahl –
Ach, wer doch das könnte, nur ein einziges Mal!

Da kuckt' ich dem Storch in das Sommernest dort:
Guten Morgen, Frau Storchen, geht die Reise bald fort?
Ich blick' in die Häuser zum Schornstein hinein:
Papachen, Mamachen, wie seid ihr so klein!
Tief unter mir säh' ich Fluß, Hügel und Tal –
Ach, wer doch das könnte, nur ein einziges Mal!

Und droben, gehoben auf schwindelnder Bahn,
Da faßt' ich die Wolken, die segelnden, an;
Ich ließ' mich besuchen von Schwalben und Krähn
Und könnte die Lerchen, die singenden, sehn,
Die Englein belauscht' ich im himmlischen Saal –
Ach, wer doch das könnte, nur ein einziges Mal!

Die fünf Hühnerchen

Ich war mal in dem Dorfe,
Da gab es einen Sturm,
Da zankten sich fünf Hühnerchen
Um einen Regenwurm.

Und als kein Wurm mehr war zu sehn,
Da sagten alle: »Piep!«
Da hatten die fünf Hühnerchen
Einander wieder lieb.

GUSTAV FALKE

Ausfahrt

Schlitten vorm Haus,
Steig ein, kleine Maus,
Zwei Kätzchen davor,
So gehts durchs Tor,
Zwei Kätzchen dahinter,
So gehts durch den Winter.

Hinein ins Feld,
Wie weiß ist die Welt,
Auf einmal, o weh,
Kleine Maus liegt im Schnee,
Kleine Maus liegt im Graben,
Wer will sie haben?

Schlitten vorm Haus,
Wo blieb kleine Maus?
Die Kätzchen, miau,
Die wissen's genau:
Hat nicht still gesessen,
Da haben wir sie gefressen.

Närrische Träume

Heute nacht träumte mir, ich hielt
den Mond in der Hand,
wie eine große, gelbe Kegelkugel,
und schob ihn ins Land,
als gält es alle Neune.
Er warf einen Wald um, eine alte Scheune,
zwei Kirchen mitsamt den Küstern, o weh,
und rollte in die See.

Heute nacht träumte mir, ich warf
den Mond ins Meer.
Die Fische all erschraken, und die Wellen
spritzten umher
und löschten alle Sterne.
Und eine Stimme, ganz aus der Ferne,
schalt: Wer pustet mir mein Licht aus?
Jetzt ist's dunkel im Haus.

Heute nacht träumte mir, es war
rabenfinster rings.
Da kam was leise auf mich zugegangen,
wie auf Zehen ging's.

Da wollt ich mich verstecken,
stolperte über den Wald, über die Scheune vor Schrecken,
über die Kirchen mitsamt den Küstern, o weh,
und fiel in die See.

Heute nacht träumte mir, ich sei
der Mond im Meer.
Die Fische alle glotzten und standen
im Kreis umher.
So lag ich seit Jahren,
sah über mir hoch die Schiffe fahren
und dacht, wenn jetzt wer über Bord sich biegt
und sieht, wer hier liegt
zwischen Schollen und Flundern,
wie wird der sich wundern!

FRIDA SCHANZ

Niemand

Kennt ihr wohl den Unfuggeist,
der mit Namen Niemand heißt?
Wohnt beinah in jedem Haus.
Fragt nur mal, landein, landaus.

Wer hat Vaters Tisch bekleckst?
Mutters Fingerhut verhext,
Mutters Nadel, Mutters Scheren?
Wer nahm von den Stachelbeeren?
Wer zerschnitt den neuen Ball?
Überall und überall

ist's und war's derselbe Wicht,
doch zu fassen ist er nicht.

Niemand hat das Garn verfitzt,
Niemand hat die Wurst stibitzt,
Niemand krachte mit der Tür,
Niemand kann etwas dafür,
daß der Garten offensteht.

Niemand trat ins Nelkenbeet,
Niemand aß vom Apfelbrei,
Niemand riß das Buch entzwei,
Niemand warf das Glas vom Tisch!
Wenn ich ihn einmal erwisch!

Such und hasch ihn alle Tage.
Wenn ich Kinder nach ihm frage,
kommen sie in große Not,
werden feuer-, feuerrot.
Fragst du um im ganzen Land,
niemandem ist er bekannt.

FRITZ UND EMILY KOEGEL

Der Bratapfel

Kinder, kommt und ratet,
Was im Ofen bratet!
Hört, wie's knallt und zischt!
Bald wird er aufgetischt,

Der Zipfel, der Zapfel,
Der Kipfel, der Kapfel,
Der gelbrote Apfel.

Kinder, lauft schneller;
Holt einen Teller,
Holt eine Gabel!
Sperrt auf den Schnabel
Für den Zipfel, den Zapfel,
Den Kipfel, den Kapfel,
Den goldbraunen Apfel.

Sie pusten und prusten,
Sie gucken und schlucken,
Sie schnalzen und schmecken,
Sie lecken und schlecken
Den Zipfel, den Zapfel,
Den Kipfel, den Kapfel,
Den knusprigen Apfel.

PAULA DEHMEL

Seereise

Pitsch – patsch – Badefaß,
Rumpumpel plantscht die Stube naß;
  ist ein junger Wasserheld,
  segelt durch die ganze Welt
  im Wipp – im Wapp – im Schaukelkahn
  über den großen Ozean!

Stehn alle Wilden still
und schrein: Was bloß Rumpumpel will?
so splitternackt und pitschenaß,
in seinem kleinen Schaukelfaß?
  Schnell das Badelaken!

Die bösen Beinchen

Guten Morgen, ihr Beinchen!
  Wie heißt ihr denn?
Ich heiße Hampel,
ich heiße Strampel,
und das ist Füßchen Übermut,
und das ist Füßchen Tunichtgut!
  Übermut und Tunichtgut
  gehn auf die Reise,
  patsch' durch alle Sümpfe,
  naß sind Schuh und Strümpfe;
  kuckt die Rute um die Eck,
  laufen sie alle beide weg!

Mein Wagen

Mein Wagen hat vier Räder,
vier Räder hat mein Wagen,
rolle, rolle, rummerjan,
das wollt ich euch bloß sagen.

Mein Wagen hat 'ne Deichsel,
'ne Deichsel hat mein Wagen,

rolle, rolle, rummerjan,
das wollt ich euch bloß sagen.

Mein Wagen hat ein Pferdchen,
ein Pferdchen hat mein Wagen,
rolle, rolle, rummerjan,
das wollt ich euch bloß sagen.

Mein Wagen fährt nach Potsdam,
nach Potsdam fährt mein Wagen,
rolle, rolle, rummerjan,
das wollt ich euch bloß sagen.

Und wer mit mir nach Potsdam will,
in meinem neuen Wagen,
rolle, rolle, rummerjan,
der braucht es bloß zu sagen.

Gutenachtliedchen

Leise, Peterle, leise,
Der Mond geht auf die Reise;
er hat sein weißes Pferd gezäumt,
das geht so still, als ob es träumt,
leise, Peterle, leise.

Stille, Peterle, stille,
Der Mond hat eine Brille;
ein graues Wölkchen schob sich vor,
das sitzt ihm grad auf Nas' und Ohr,
stille, Peterle, stille.

Träume, Peterle, träume,
der Mond guckt durch die Bäume;
ich glaube gar, nun bleibt er stehn,
um Peterle im Schlaf zu sehn —
träume, Peterle, träume.

Lied vom Monde

Wind, Wind, sause,
der Mond ist nicht zu Hause;
er ist wohl hinter den Berg gegangen,
will vielleicht eine Sternschnuppe fangen,
Wind, Wind, sause.

Stern, Stern, scheine,
der Mond, der ist noch kleine;
er hat die Sichel in der Hand,
er mäht das Gras am Himmelsrand,
Stern, Stern, scheine.

Singe, Vogel, singe,
der Mond ist guter Dinge;
er steckt den halben Taler raus,
das sieht blank und lustig aus,
singe, Vogel, singe.

Und hell wird's, immer heller;
der Mond, der hat 'nen Teller
mit allerfeinstem Silbersand,
den streut er über Meer und Land,
und hell wird's, immer heller.

Puppendoktor

Lieber Doktor Pillermann,
guck dir bloß mein Püppchen an.
Drei Tage hat es nichts gegessen,
hat immer so stumm dagesessen,
es will nicht einmal Zuckerbrot,
die Arme hängen ihr wie tot.
Ach, lieber Doktor, sag mir ehrlich,
ist diese Krankheit sehr gefährlich?

Madam, Sie ängstigen sich noch krank;
der Puls geht ruhig, Gott sei Dank.
Doch darf sie nicht im Zimmer sitzen,
sie muß zu Bett und tüchtig schwitzen;
drei Kiebitzeier gebt ihr ein,
dann wird es morgen besser sein.
Empfehle mich.

RICHARD DEHMEL

Frecher Bengel

Ich bin ein kleiner Junge,
Ich bin ein großer Lump.
Ich habe eine Zunge
Und keinen Strump.

Ihr braucht mir keinen schenken,
Dann reiß ich mir kein Loch.

Ihr könnt euch ruhig denken:
Jottedoch!

Ich denk von euch dasselbe.
Ich kuck euch durch den Lack.
Ich spuck euch aufs Gewölbe.
Pack!

Die Schaukel

Auf meiner Schaukel in die Höh,
was kann es Schöneres geben!
So hoch, so weit! Die ganze Chaussee
und alle Häuser schweben.

Weit über die Gärten hoch, juchhee,
ich lasse mich fliegen, fliegen;
und alles sieht man, Wald und See,
ganz anders stehn und liegen.

Hoch in die Höh! Wo ist mein Zeh?
Im Himmel! ich glaube, ich falle!
Das tut so tief, so süß dann weh,
und die Bäume verbeugen sich alle.

Und immer wieder in die Höh,
und der Himmel kommt immer näher;
und immer süßer tut es weh –
der Himmel wird immer höher.

RICHARD UND PAULA DEHMEL

Wie Fitzebutze seinen alten Hut verliert

> Lieber, ßöner Hampelmann!
> fing die kleine Detta an;
> ich bin dhoß und Du bist tlein,
> willst du Fitzebutze sein?
> tomm!
>
> Tomm auf Haterns dhoßen Tuhl,
> Vitzliputze, Blitzepul!
> Hater sagt, man weiß es nicht,
> wie man deinen Namen sp'icht;
> pst!
>
> Pst, sagt Hater, Fitzebott
> war eimal ein lieber Dott,
> der auf einem Tuhle saß
> und sebratne Menßen aß;
> huh! –
>
> Huh, da sah der Hampelmann
> furchtbar groß die Detta an,
> und sein alter Bommelhut
> kullerte vom Stuhl vor Wut,
> plumps.
>
> Plumß, sprach Detta; willste woll!
> sei doch nich so ßrecklich doll!
> Mutter sagt, der liebe Dott
> donnert nicht in einem fo't;
> nein!

Nein, sagt Mutta, Dott ist dut,
wenn man a'tig beten tut;
Fitzebutze, hör mal an,
was tlein Detta alles tann,
ei! –

Ei, da saß der Blitzepul
mäuschenstill auf seinem Stuhl,
und sprach heimlich alles nach,
was die kleine Detta sprach;
hört!

ERNST KREIDOLF

Nebel

Ich stehe am Fenster und schaue hinaus.
Ei! Seht doch: verschwunden ist Nachbars Haus!
Sagt: Wo ist die Straße, wo ist der Weg?
Wo sind die Zäune, wo ist der Steg?
Der Nebel bleibt hängen, hält alles versteckt,
hat Straßen und Häuser ganz zugedeckt.

ADOLF HOLST

Im See

Heute ist das Wasser warm,
Heute kann's nichts schaden,
Schnell hinunter an den See!
Heute gehn wir baden!

Eins, zwei, drei – die Hosen aus,
Stiefel, Wams und Wäsche!
Und dann – plumps ins Wasser rein!
Grade wie die Frösche!

Und der schönste Sonnenschein
Brennt uns nach dem Bade
Brust und Buckel knusperbraun,
Braun wie Schokolade!

Eislauf

Heute, Kinder, wolln wir's wagen!
Heute wird das Eis wohl tragen,
Darum los, wer laufen kann!
Mütze auf und Schlittschuh' an!

Ach, so wohlig sich zu wiegen,
Schwalben gleich dahin zu fliegen,
Auf und ab im Sonnenstrahl,
Blank das Eis und blank der Stahl!

Müllers Max und Schneiders Fritze
Mit der braunen Pudelmütze,
Wie sie schwenken und sich drehn!
Habt ihr so was schon gesehn?

Hoch das Bein und kühn im Bogen
Kommen sie herangeflogen,
Eins – zwei – drei und wie der Blitz –
Bums! Da liegt der Schneider Fritz.

CHRISTIAN MORGENSTERN

Das große Lalula

Kroklokwafzi? Semememi!
Seiokrontro – prafriplo:
Bifzi, bafzi; hulalemi:
quasti basti bo ...
Lalu lalu lalu lalu la!

Hontraruru miromente
zasku zes rü rü?
Entepente, leiolente
klekwapufzi lü?
Lalu lalu lalu lalu la!

Simarar kos malzipempu
silzuzankunkrei!
Marjomar dos: Quempu Lempu
Siri Suri Sei!
Lalu lalu lalu lalu la!

Die drei Spatzen

In einem leeren Haselstrauch
da sitzen drei Spatzen, Bauch an Bauch.

Der Erich rechts und links der Franz
und mitten drin der freche Hans.

Sie haben die Augen zu, ganz zu,
und obendrüber da schneit es, hu!

Sie rücken zusammen dicht an dicht.
So warm wie der Hans hats niemand nicht.

Sie hör'n alle drei ihrer Herzlein Gepoch.
Und wenn sie nicht weg sind, so sitzen sie noch.

Fips

Ein kleiner Hund mit Namen Fips
erhielt vom Onkel einen Schlips
aus gelb und roter Seide.

Die Tante aber hat, o denkt,
ihm noch ein Glöcklein dran gehängt
zur Aug- und Ohrenweide.

Hei, ward der kleine Hund da stolz.
Das merkt sogar der Kaufmann Scholz
im Hause gegenüber.

Den grüßte Fips sonst mit dem Schwanz;
jetzt ging er voller Hoffart ganz
an seiner Tür vorüber.

Wenn es Winter wird

Der See hat eine Haut bekommen,
so daß man fast drauf gehen kann,
und kommt ein großer Fisch geschwommen,
so stößt er mit der Nase an.

Und nimmst du einen Kieselstein
und wirfst ihn drauf, so macht es klirr
und titscher – titscher – titscher – dirr ...
Heissa, du lustiger Kieselstein!
Er zwitschert wie ein Vögelein
und tut als wie ein Schwälblein fliegen –
doch endlich bleibt mein Kieselstein
ganz weit, ganz weit auf dem See draußen liegen.

Da kommen die Fische haufenweis
und schaun durch das klare Fenster von Eis
und denken, der Stein wär etwas zum Essen;
doch so sehr sie die Nase ans Eis auch pressen,
das Eis ist zu dick, das Eis ist zu alt,
sie machen sich nur die Nase kalt.

Aber bald, aber bald
werden wir selbst auf eignen Sohlen
hinausgehn können und den Stein wieder holen.

ALWIN FREUDENBERG

Vom Riesen Timpetu

Still! Ich weiß was. Hört mal zu:
War einst ein Riese Timpetu.
Der arme Bursche hat – o Graus! –
im Schlafe nachts verschluckt 'ne Maus.
Er lief zum Doktor Pfiffikus:
»Ach, Doktor, denkt nur, welch Verdruß!
Ich hab' im Schlaf 'ne Maus verschluckt,
die sitzt im Leib und kneipt und druckt.«
Der Doktor war ein kluger Mann,
man sah's ihm an der Brille an.
Er hat ihm in den Hals geguckt:
»Wie? Was? 'ne Maus habt Ihr verschluckt?
Verschluckt 'ne Miezekatz dazu,
so läßt die Maus Euch gleich in Ruh!«

LULU VON STRAUSS UND TORNEY

Löwenzahn

Nun hebt auf jedem Wiesenplan,
auf jedem grünen Stellchen
der goldgesternte Löwenzahn
die luftgen Federbällchen.

Bisweilen fährt der Wind darein,
der ungestüme Bläser,
dann stieben tausend Fiederlein
weit über Busch und Gräser.

Braucht auch manch roter Kindermund
den frischen Atem gerne
und bläst ins grüne Wiesenrund
die Saat für neue Sterne.

Und lacht dazu, als wüßt er's gut,
wenn leicht die Flöckchen schweben,
daß er die Arbeit Gottes tut
am lieben jungen Leben.

EMIL WEBER

Fritzens ganze Familie

Ich heiße Fritz,
unser Hund heißt Spitz,
Miezevater unser Kater.
Papa heißt Papa;
Mama heißt Mama;
meine Schwester heißt Ottilie:
Das ist unsere ganze Familie.
Wir hätten noch gern eine Kuh
und ein Pferd dazu.

BÖRRIES FREIHERR VON MÜNCHHAUSEN

Das alizarinblaue Zwergenkind

Nein, was hab ich gelacht!

Da kommt doch diese Nacht
Ein kleinwinziges Zwergenkind
Aus dem Bücherspind
Hinter Kopischs Gedichten vor
Und krebselt an meinem Schreibtisch empor.

Trippelt ans Tintenfaß:
»Was ist denn das?«

Stippt den schneckenhorndünnen Finger hinein,
Leckt, – »Ui, fein!«
Macht halslang, guckt dumm
Nochmal in der ganzen Stube rum,
Gottseidank, allein!

Zwergenvater begegnet sich selber im Mondenschein,
Mutti, um was Gescheiteres anzufangen,
Is e bissel spuken gegangen.

Da knöpft es sein Wämschen ab,
Hemd runter, – schwapp!
Spritzt's ins Tintenbad hinein,
Taucht, plantscht, wischt die Augen rein,
Pudelt
Und sprudelt,
Nimmt's Mäulchen voll,
Prustet ein Springbrunn hoch zwei Zoll,
Streckt's Füßchen raus, schnalzt mit den Zeh'n,
Taucht, um mal auf'n Kopf zu stehn, –

Endlich Schluß der Bade-Saison!
Klettert raus, trippelt über meinen Löschkarton,
Schuppert sich, über und über pitsche-patsche-naß,
»Brrr, wie kalt war das!«
Ist selig, wie es sich zugesaut,
Und kriegt eine alizarinblaue Gänsehaut.

Nun trocknet sich's auf dem Löschpapier,
Probiert dort und hier,
Was da für'n feines Muster bleibt, –
Als ob einer, der schreiben kann, schreibt!
Ein Fußtapf, – wie 'ne Bohne beinah!
Ein Handklitsch, – alle fünf Finger da!

Nun die Nase aufgetunkt,
Lacht schrecklich: Ein richtiger Punkt,
Ein *Punkt*!

Wo's aber gesessen hat
Auf dem roten Blatt, –
Wie's da hinguckt,
Da hat's ein Dreierbrötchen gedruckt,
Ein kleinwinziges zweihälftiges Dreierbrot,
Blau auf rot!

Erst lacht's. Dann schämt sich's. Und dann
So schnell es kann
Am Tischbein runter, durch den Mondenschein
In Schrank hinein!

Ein Weilchen noch hinter den Büchern her
Hörte ich's piepsen und heulen sehr,
Hat so arg geschnieft und geschluckt,
Weil es das – Dreierbrötchen da hingedruckt!

ALBERT SERGEL

Löwenzahn

Fliegt, ihr Strahlenkrönchen,
über unser Haus,
über alle Dächer
und zum Dorf hinaus!

Abendwinde tragen
leicht euch und gelind,
bis ein schönes Plätzchen
ihr zum Rasten find't!

Schlagt dort eure Wurzel
in den Boden sacht,
und im nächsten Jahre
blüht in neuer Pracht!

Nüsseknacken

Holler, boller, Rumpelsack,
Niklas trug sie huckepack,
Weihnachtsnüsse gelb und braun,
runzlig, punzlig anzuschaun.

Knackt die Schale, springt der Kern:
Weihnachtsnüsse eß ich gern.
Komm bald wieder in mein Haus,
alter, guter Nikolaus!

JOACHIM RINGELNATZ

Die Ameisen

In Hamburg lebten zwei Ameisen,
Die wollten nach Australien reisen.
Bei Altona auf der Chaussee
Da taten ihnen die Beine weh,
Und da verzichteten sie weise
Denn auf den letzten Teil der Reise.

So will man oft und kann doch nicht
Und leistet dann recht gern Verzicht.

Volkslied

Wenn ich zwei Vöglein wär,
Und auch vier Flügel hätt,
Flög die eine Hälfte zu dir.
Und die andere, die ging auch zu Bett,
Aber hier zu Haus bei mir.

Wenn ich einen Flügel hätt
Und gar kein Vöglein wär,
Verkaufte ich ihn dir
Und kaufte mir dafür ein Klavier.

Wenn ich kein Flügel wär
(Linker Flügel beim Militär)
Und auch keinen Vogel hätt,
Flög ich zu dir.

Da's aber nicht kann sein,
Bleib ich im eignen Bett
Allein zu zwein.

Im Park

Ein ganz kleines Reh stand am ganz kleinen Baum
Still und verklärt wie im Traum.
Das war des Nachts elf Uhr zwei.
Und dann kam ich um vier
Morgens wieder vorbei,
Und da träumte noch immer das Tier.
Nun schlich ich mich leise – ich atmete kaum –
Gegen den Wind an den Baum,
Und gab dem Reh einen ganz kleinen Stips.
Und da war es aus Gips.

Heimatlose

Ich bin fast
Gestorben vor Schreck:
In dem Haus, wo ich zu Gast
War, im Versteck,
Bewegte sich,
Regte sich
Plötzlich hinter einem Brett
In einem Kasten neben dem Klosett,
Ohne Beinchen,
Stumm, fremd und nett
Ein Meerschweinchen.

Sah mich bange an,
Sah mich lange an,
Sann wohl hin und sann her,
Wagte sich
Dann heran
Und fragte mich:
»Wo ist das Meer?«

Kindergebetchen

Erstes

Lieber Gott, ich liege
Im Bett. Ich weiß, ich wiege
Seit gestern fünfunddreißig Pfund.
Halte Pa und Ma gesund.
Ich bin ein armes Zwiebelchen,
Nimm mir das nicht übelchen.

Zweites

Lieber Gott, recht gute Nacht.
Ich hab noch schnell Pipi gemacht,
Damit ich von dir träume.
Ich stelle mir den Himmel vor
Wie hinterm Brandenburger Tor
Die Lindenbäume.
Nimm meine Worte freundlich hin,
Weil ich schon sehr erwachsen bin.

Drittes

Lieber Gott mit Christussohn,
Ach schenk mir doch ein Grammophon.
Ich bin ein ungezognes Kind,
Weil meine Eltern Säufer sind.
Verzeih mir, daß ich gähne.
Beschütze mich in aller Not,
Mach meine Eltern noch nicht tot
Und schenk der Oma Zähne.

Arm Kräutchen

Ein Sauerampfer auf dem Damm
Stand zwischen Bahngeleisen,
Machte vor jedem D-Zug stramm,
Sah viele Menschen reisen

Und stand verstaubt und schluckte Qualm,
Schwindsüchtig und verloren,
Ein armes Kraut, ein schwacher Halm,
Mit Augen, Herz und Ohren.

Sah Züge schwinden, Züge nahn.
Der arme Sauerampfer
Sah Eisenbahn um Eisenbahn,
Sah niemals einen Dampfer.

HANS ARP

Märchen

Ein großer blauer Falter ließ sich auf mich nieder
und deckte mich mit seinen Flügeln zu.
Und tiefer und tiefer versank ich in Träume.
So lag ich lange und vergessen
wie unter einem blauen Himmel.

FRED ENDRIKAT

Die Wühlmaus

Die Wühlmaus nagt von einer Wurzel
das W hinfort, bis an die -urzel.
Sie nagt dann an der hintern Stell
auch von der -urzel noch das l.
Die Wühlmaus nagt und nagt, o weh,
auch von der -urze- noch das e.
Sie nagt die Wurzel klein und kurz,
bis aus der -urze- wird ein -urz--.

Die Wühlmaus ohne Rast und Ruh
nagt von dem -urz-- auch noch das u.
Der Rest ist schwer zu reimen jetzt,
es bleibt zurück nur noch ein --rz--.
Nun steht dies --rz-- im Wald allein.
Die Wühlmäuse sind so gemein.

GEORG BRITTING

Goldene Welt

Im September ist alles aus Gold:
Die Sonne, die durch das Blau hinrollt,
das Stoppelfeld,

die Sonnenblume, schläfrig am Zaun,
das Kreuz auf der Kirche,
der Apfel am Baum.

Ob er hält? Ob er fällt?
Da wirft ihn geschwind
der Wind in die goldene Welt.

JULIAN TUWIM

Die Lokomotive

Die große Lok ist heiß.
Ihr Öl tropft auf das Gleis.
Und Öl ist, wie man weiß,
Lokomotivenschweiß.
Der Heizer, der füllt ihr mit Kohle den Bauch.
Drum keucht sie und jammert und stöhnt unterm Rauch:
　　»UCH ist das heiß!
　　HUH so viel Schweiß!
　　PUH welche Glut!
　　DAS tut nicht gut!«

Kaum kann sie schnaufen, kaum sich noch mucken:
Immer mehr Kohlen muß sie verschlucken.

Und so viel Wagen stehn auf den Gleisen,
Große und schwere, aus Stahl und aus Eisen.
Die soll sie schleppen. Je, welche Mühe!
Im einen sind Pferde, im andern sind Kühe.
Im dritten sind Männer, sehr dick und sehr rund,
Die futtern dort Würste, fast viereinhalb Pfund.
Im vierten Waggon stehn sechs große Klaviere,
Im fünften sind wilde und seltene Tiere:
Ein Bär, zwei Giraffen und ein Elefant,
Im sechsten, da werden Bananen versandt,
Im siebten sind eichene Tische und Schränke,
Im achten gar eine Kanone – man denke!
Im neunten sind Schweine, die fett sind vom Mästen,
Im zehnten nur Koffer und Kisten und Kästen,
Und dabei gibt's vierzig solch riesiger Wagen,
Was da alles drin ist, das kann ich nicht sagen!
Und kämen selbst tausend der stärksten Athleten,
Und schmausten sie jeder wohl tausend Pasteten,
Und würden sie noch soviel Mühe sich geben:
Sie könnten die Lok mit den Wagen nicht heben!

Plötzlich – tschuff,
        Plötzlich – puff,
                Da staunt jeder:
                        Roll'n die Räder!
Erst ging es langsam,
                schildkröten-langsam,
    bis die Maschine
                      allmählich in Gang kam.

Mühselig zieht sie mit Schnaufen und Grollen,
Aber die Räder, die Räder, sie rollen.
Und nun geht es fort mit Getös und Gebraus
Und rattert und tattert und schnattert und knattert.
Wohin denn? Wohin denn? Wohin? Gradaus!
Auf Schienen, auf Schienen, auf Brücken, durch Felder,
Durch Berge, durch Tunnel, durch Wiesen, durch
                                      Wälder.
Die Räder, sie plappern ihr Sprüchlein (ihr wißt es):
»So ist es,   so ist es,   so ist es,   so ist es!«
Sie rollen,
                sie tollen durch Hügel und Tal,
Als wär die Maschine
              kein Dampfroß aus Stahl,
Als wär sie,
         als wär sie –
                              potz Schwefel und Pech –
Was Kleines, was Feines,
                  ein Spielzeug
                             aus Blech.

Warum nur, wieso nur, weshalb nur so flink?
Wer treibt denn, wer treibt denn, wer treibt denn das
                                 Ding?
Wer macht dies Gestöhn und Geschnauf und Gestampf?
Der Dampf, liebe Leute, der zischende Dampf!
Der Dampf aus dem Kessel (das weiß ja ein jeder),
Der Dampf treibt die Kolben, die Kolben die Räder,
Die Räder, sie treiben die schwere, massive,
Die keuchende eiserne Lokomotive.

Und immerzu plappern die Räder (ihr wißt es):
»So ist es, so ist es, so ist es, so ist es!«

BERTOLT BRECHT

Was ein Kind gesagt bekommt

Der liebe Gott sieht alles.
Man spart für den Fall des Falles.
Die werden nichts, die nichts taugen.
Schmökern ist schlecht für die Augen.
Kohlentragen stärkt die Glieder.
Die schöne Kinderzeit, die kommt nicht wieder.
Man lacht nicht über ein Gebrechen.
Du sollst Erwachsenen nicht widersprechen.
Man greift nicht zuerst in die Schüssel bei Tisch.
Sonntagsspaziergang macht frisch.
Zum Alter ist man ehrerbötig.
Süßigkeiten sind für den Körper nicht nötig.
Kartoffeln sind gesund.
Ein Kind hält den Mund.

Der Pflaumenbaum

Im Hofe steht ein Pflaumenbaum
D e r ist klein, man glaubt es kaum.
Er hat ein Gitter drum
So tritt ihn keiner um.

Der Kleine kann nicht größer wer'n.
Ja größer wer'n, das möcht er gern.
's ist keine Red davon
Er hat zu wenig Sonn.

Den Pflaumenbaum glaubt man ihm kaum
Weil er nie eine Pflaume hat
Doch er ist ein Pflaumenbaum
Man kennt es an dem Blatt.

Liedchen aus alter Zeit
(nicht mehr zu singen!)

Eins. Zwei. Drei. Vier.
Vater braucht ein Bier.
Vier. Drei. Zwei. Eins.
Mutter braucht keins.

Bitten der Kinder

Die Häuser sollen nicht brennen.
Bomber sollt man nicht kennen.
Die Nacht soll für den Schlaf sein.
Leben soll keine Straf sein.
Die Mütter sollen nicht weinen.
Keiner sollt müssen töten einen.
Alle sollen was bauen
Da kann man allen trauen.
Die Jungen sollen's erreichen.
Die Alten desgleichen.

ERICH KÄSTNER

Weihnachtslied, chemisch gereinigt
Nach der Melodie: »Morgen, Kinder, wird's was geben!«

Morgen, Kinder, wird's nichts geben!
Nur wer hat, kriegt noch geschenkt.
Mutter schenkte euch das Leben.
Das genügt, wenn man's bedenkt.
Einmal kommt auch eure Zeit.
Morgen ist's noch nicht so weit.

Doch ihr dürft nicht traurig werden.
Reiche haben Armut gern.
Gänsebraten macht Beschwerden.
Puppen sind nicht mehr modern.
Morgen kommt der Weihnachtsmann.
Allerdings nur nebenan.

Lauft ein bißchen durch die Straßen!
Dort gibt's Weihnachtsfest genug.
Christentum, vom Turm geblasen,
macht die kleinsten Kinder klug.
Kopf gut schütteln vor Gebrauch!
Ohne Christbaum geht es auch.

Tannengrün mit Osrambirnen –
lernt drauf pfeifen! Werdet stolz!
Reißt die Bretter von den Stirnen,
denn im Ofen fehlt's an Holz!
Stille Nacht und heil'ge Nacht –
weint, wenn's geht, nicht! Sondern lacht!

Morgen, Kinder, wird's nichts geben!
Wer nichts kriegt, der kriegt Geduld!
Morgen, Kinder, lernt fürs Leben!
Gott ist nicht allein dran schuld.
Gottes Güte reicht so weit ...
Ach, du liebe Weihnachtszeit!

Das verhexte Telefon

Neulich waren bei Pauline
sieben Kinder zum Kaffee.
Und der Mutter taten schließlich
von dem Krach die Ohren weh.

Deshalb sagte sie: »Ich gehe.
Aber treibt es nicht zu toll.
Denn der Doktor hat verordnet,
daß ich mich nicht ärgern soll.«

Doch kaum war sie aus dem Hause,
schrie die rote Grete schon:
»Kennt ihr meine neuste Mode?
Kommt mal mit ans Telefon.«

Und sie rannten wie die Wilden
an den Schreibtisch des Papas.
Grete nahm das Telefonbuch,
blätterte darin und las.

Dann hob sie den Hörer runter,
gab die Nummer an und sprach:
»Ist dort der Herr Bürgermeister?
Ja? Das freut mich. Guten Tach!

Hier ist Störungsstelle Westen.
Ihre Leitung scheint gestört.
Und da wäre es am besten,
wenn man Sie mal sprechen hört.

Klingt ganz gut .. Vor allen Dingen
bittet unsere Stelle Sie,
prüfungshalber was zu singen.
Irgendeine Melodie.«

Und die Grete hielt den Hörer
allen Sieben an das Ohr.
Denn der brave Bürgermeister
sang »Am Brunnen vor dem Tor«.

Weil sie schrecklich lachen mußten,
hängten sie den Hörer ein.
Dann trat Grete in Verbindung
mit Finanzminister Stein.

»Exzellenz, hier Störungsstelle.
Sagen Sie doch dreimal ›Schrank‹.
Etwas lauter, Herr Minister!
Tschuldigung und besten Dank.«

Wieder mußten alle lachen.
Hertha schrie »Hurrah!« und dann
riefen sie von neuem lauter
sehr berühmte Männer an.

Von der Stadtbank der Direktor
sang zwei Strophen »Hänschen klein«.
Und der Intendant der Oper
knödelte die »Wacht am Rhein«.

Ach, sogar den Klassenlehrer
rief man an. Doch sagte der:
»Was für Unsinn? Störungsstelle?
Grete, Grete! Morgen mehr.«

Das fuhr allen in die Glieder.
Was geschah am Tage drauf!
Grete rief: »Wir tuns nicht wieder«.
Doch er sagte: »Setzt Euch nieder.
Was habt Ihr im Rechnen auf?«

RUDOLF OTTO WIEMER

Floskeln

offengestanden
mir fehlen die worte
immerhin
andersherum gefragt
mag sein
überhaupt
bei lichte betrachtet
find ich ja witzig
allen ernstes
das ist nun mal so
jedenfalls
ohne langes gerede
na klar
mach keine geschichten
im übrigen

ganz unter uns
da kann man nichts machen
ehrlich
und außerdem
was soll das
kurz und gut
angenommen
ich denke
nun mal genau

MIRA LOBE

Der verdrehte Schmetterling

Ein Metterschling
mit flauen Blügeln
log durch die Fluft.

Er war einem Computer entnommen,
dem war was durcheinandergekommen,
irgendein Drähtchen,
irgendein Rädchen.
Und als man es merkte,
da war's schon zu spätchen,
da war der Metterschling
schon feit wort,
wanz geit.

Mir lut er teid.

GUSTAV SICHELSCHMIDT

Lustiger Mond

Gestern abend um halb achte
Fiel der Mond in unsern Teich.
Doch was meint ihr, was er machte?
Er stand einfach auf und lachte,
So als wär's ihm schrecklich gleich.
Zwar er war ein wenig blasser,
Aber das war nicht so wild,
Denn da unten das im Wasser
War ja nur sein Spiegelbild.

SHEL SILVERSTEIN

Erfindung

Ich hab's erfunden,
ich hab's entdeckt:
eine Lampe,
die wird in die Sonne gesteckt.
Die Sonne ist hell genug
und die Glühbirne stark genug.
Doch eins ist verkehrt,
und das ist nur:
Die Lampen*schnur*
ist nicht lang genug.

Jimmy Spät und sein Fernsehgerät

Ich erzähl die Geschichte von Jimmy Spät,
die ist wahr, also hör gut zu.
Der saß so gern vor dem Fernsehgerät,
genauso oft wie du.

Er guckte vom Tage bis tief in die Nacht,
sein Gesicht wurde bleich und grau.
Er guckte das Vormittagsmagazin
und die letzte Tagesschau.

Er guckte sich die Augen weit,
bis er angewachsen war.
Ein Lautstärkeregler wuchs ihm am Kinn
und Antennen in seinem Haar.

In seinem Kopf wuchsen Fernsehröhren,
eine Mattscheibe war sein Gesicht,
seine Ohren wurden zwei Reglerknöpfe
für Bildschärfe und für Licht.

Und hinten wuchs eine Schnur wie ein Schwanz,
jetzt hängt er am Stromnetz dran.
Und Jimmy Spät guckt kein Fernsehen mehr,
sondern wir, wir sehen ihn an.

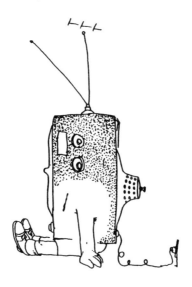

Schattenwäsche

Noch nie hab ich
meinen Schatten gewaschen
in all der Zeit.
Verfilzt und verschmutzt ist er,
nehme ich an.
Einmal lehnte er
an einer Mauer dran,
da hab ich ihn abgezogen und
in die Waschwanne
mit den Kleidern getan.
Dann habe ich
Waschpulver reingeschüttet,
hab ihn eingeweicht
und gründlich gewaschen
und ihn in der Sonne
trocknen lassen.
Doch wer hätte gedacht,
daß er sowas macht!
Er verzieht sich
und schrumpelt in sich hinein.
Jetzt ist mir mein eigener Schatten
zu klein.

HANS BAUMANN

Kinderhände

Ein Holländerkind,
ein Negerkind,
ein Chinesenkind
drückten beim Spielen die Hände in Lehm.
Nun geh hin und sag, welche Hand ist von wem!

Lesestunde

Ein Hund, ein Schwein, ein Huhn, ein Hahn,
ein Specht, der grade zu Besuch,
die fanden hinterm Haus ein Buch –
was haben da die fünf getan?
Sie riefen alle laut: »Mal sehn,
was mag auf Seite eins wohl stehn?«

»Oi oi oi oi«, so las das Schwein.
Da sprach der Hund: »Das kann nicht sein.
Da steht wau wau wau wau wau wau.«
Der Specht rief gleich: »Ich seh's genau,
da steht tak tak tak tak tak tak.«
Das Huhn las eifrig: »Gack gack gack.«
Hell schrie der Hahn: »Das stimmt doch nie,
da steht kikerikikriki!«

Die Eule hörte das Geschrei
im Tagversteck und flog herbei.
Nun sprach der Hahn mit wilden Augen:
»Das dumme Buch kann nicht viel taugen,

denn jedem lügt's was andres vor.«
Die Eule hielt es an ihr Ohr:
»Mir sagt das Buch, es läg daran,
daß keiner von euch lesen kann.«

Der Spiegel

Der Spiegel ist ein Tropf,
verdreht mir meinen Kopf:
Schau ich aus ihm hervor,
ist links mein rechtes Ohr.
Zum Glück bleibt oben oben,
und das kann ich nur loben –
sonst müßt ich mit den Füßen
statt mit dem Kopfe grüßen.

FRIEDRICH HOFFMANN

Spatzensalat

Auf dem Kirschbaum Schmiroschmatzki
saß ein Spatz mit seinem Schatzki,
spuckt die Kerne klipokleini
auf die Wäsche an der Leini.
Schrie die Bäurin Bulowatzki:
»Fort, ihr Tiroteufelsbratzki!«
Schrie der Bauer Wirowenski:
»Wo sind meine Kirschokenski?
Fladarupfki! Halsumdratski!
Hol der Henker alle Spatzki!«

CHRISTINE BUSTA

Wo holt sich die Erde die himmlischen Kleider?

Wo holt sich die Erde die himmlischen Kleider?
Beim Wettermacher, beim Wolkenschneider.
Sie braucht keine eitlen Samte und Seiden,
sie nimmt, was er hat, und trägt froh und bescheiden
das Regenschwere, das Flockenleichte,
das Schattenscheckige, Sonngebleichte,
das Mondgewobne und Sternbestickte,
das Windzerrissene, Laubgeflickte,
das Gockelrote, das Igelgraue,
das Ährengelbe, das Pflaumenblaue,
das Gräserkühle, das Nesselheiße,
das Hasenbraune, das Schwanenweiße –
und schlendert die Jahre hinauf und hinunter:
je schlichter, je lieber, je schöner, je bunter.

Wovon träumt der Astronaut auf der Erde?

>   Daß er wie Löwenzahnsamen fliegt
>   von Stern zu Stern,
>   fremde Erze entdeckt
>   und niegesehene Steine.

Wovon wird er als Mann im Mond einst träumen?

>   Daß er als Sternschnuppe heimfallen darf
>   und ein Gärtchen wiederfindet,
>   wo die Bienen die Sonnenblumen
>   erobern.

Der Sommer

Er trägt einen Bienenkorb als Hut,
blau weht sein Mantel aus Himmelsseide,
die roten Füchse im gelben Getreide
kennen ihn gut.
Sein Bart ist voll Grillen. Die seltsamsten Mären
summt er der Sonne vor, weil sie's mag,
und sie kocht ihm dafür jeden Tag
Honig und Beeren.

Haferschluck, der fromme Löwe

Der Kinderfreund, Herr Habakuk,
hat einen Löwen, Haferschluck,
der ißt so gerne Brei.
Beim Kochen steht er stets dabei
und fragt: »Ist Zucker drin und Ei
und Milch und Butterflocken?«

Er hat ganz gelbe Locken
und Augen, hell wie Honigbrot,
und eine Zunge, himbeerrot.
Er mag auch weiße Wecken
und schnippt sich flink und pfötchenzart
die Brösel aus dem Schnupperbart.

Nach jedem Tellerlecken
nimmt er den Schwanz als Flederwisch
und fegt den Boden und den Tisch,
sagt Habakuk auch artig Dank

und trottet nach der Ofenbank,
ein Stündlein brav zu schlafen.

Am Nachmittag geht er dann froh
wie du spazieren – irgendwo,
und seinen Onkel trafen
wir unlängst erst im Zoo.

Weißt du, wie still der Fischer sitzt?

Auch wenn ihn eine Mücke sticht,
er schlägt sie nicht, er kratzt sich nicht.
Er darf den Fisch nicht stören,
sonst bleibt das Netz, die Angel leer,
kein Schwanz taucht aus der Tiefe mehr.

Doch weil er so geduldig sitzt,
kann er, wenn er die Ohren spitzt,
das Zottelfell von seinem Hund,
den eignen Bart um Kinn und Mund
ganz langsam wachsen hören.

Eine Gute-Nacht-Geschichte

Im Mondgras träumt ein schwarzer Elefant:
er fährt allein in einem weißen Boot aufs Meer
und an den Küsten kommen alle Kinder angerannt.

Vergnügt trompetet er wie hundert Schiffssirenen.
Die Kapitäne schaun erschrocken zu ihm her,
sogar der Haifisch klappert mit den Zähnen.

Er aber krault den Seepferdchen die Mähnen,
bis auch der kleinste Seestern strahlt.
Der große Himmelsbär
tanzt mit dem Mann im Mond
und allen Kirchturmhähnen.

HILDEGARD WOHLGEMUTH

Schularbeiten machen
Umstandsbestimmung des Ortes

An
auf
hinter
neben
in.
Ich sitz in meiner Stube drin.
Muß büffeln und schnüffeln
an auf und in.
Muß zischen und mischen
an auf und zwischen
und ging doch viel lieber
auf hinter und über
den Zaun und das Tor
in zwischen und vor.

Über
unter
vor und zwischen.
Ich muß es von der Tafel wischen.

Das Ganze noch mal: An auf im
vor über unter. Es ist schlimm.
Viel lieber ging ich vor, statt neben.
Ach, welch ein Über-, Unter-, Vor- und
Innenleben.

Im Warenhaus

Erdgeschoß. Hier gibt es Bücher,
Seife, Schmuck und Seidentücher,
Zirkel, Kugelschreiber, Minen,
Unterhosen und Pralinen,
lange Ketten aus Bonbons,
an der Kasse Luftballons.
Schirme, Koffer, Aktentaschen,
Spiegel und Kosmetikflaschen.
An der Kuchentheke Torten,
Cremeschnittchen alle Sorten.
Blumen aus Papier und Tüll.
Und die Hähnchen frisch vom Grill.
In die Nase steigt der Duft.
Und wir schnuppern in die Luft.

Wolln die Herrschaften hinauf?
Fahrstuhltüren gehen auf.
Bitte schön, mein Herr, Beeilung!

1. Stock, die Stoffabteilung.
Schuhe, Hüte, Konfektion
für den Vater und den Sohn.

Jemand 2. Stock? Gardinen,
Herde, Öfen, Waschmaschinen,

Diskothek und Radios,
Decken, Kissen und Plumeaus.

3. Stock. Ach, bitte halt!
Kinderland für jung und alt.
Farmer, Trapper, Indianer,
Friedenspfeifen, Marterpfahl,
Cowboys, Ritter, Eisenbahner,
Bahnhof, Schienen und Signal.
Hochgaragen, Bagger, Trecker,
Gummisäbel, Puppenbett,
Lieferwagen, Kabel, Stecker,
Würfelbecher und Quartett.
Schießgewehre und Pistolen
mit und ohne Munition.
Elefanten, Affen, Fohlen,
Trommeln, Pfeifen, Xylophon.
Perlenketten, Puppenhäuschen,
Kaufmannsladen, Memory,
Kasperle und Gummimäuschen,
Taschenlampenbatterie.
Roller, Autos, Straßenschilder,
Hampelmann und Fußballschuh,
Bausteinkästen, Märchenbilder.
Und was möchtest du?

Korczak und die Kinder

Leute, höret die Geschichte,
die in Warschau ist geschehn.
Janusz Korczak mit den Kindern
mußte nach Treblinka gehn.

Mit den kleinen Waisenkindern,
die sich feierlich geschmückt,
und sie trugen eine Fahne,
Stern und Blume eingestickt.

In Treblinka standen Öfen,
fragt die Alten, wie das war.
Und die Kinder gingen singend,
wußten nichts von der Gefahr.

Alle Juden solln verrecken!
Mordbefehl, den Hitler gab,
weil sie Judenkinder waren,
mußten sie ins Massengrab.

Als vors Lagertor sie kamen,
ließ man alle Kinder ein.
Korczak nahm man an die Seite,
bot ihm Rettung, ihm allein.

Doch er blieb bei seinen Kindern
in der großen Todesnot,
nahm das kleinste in die Arme,
ging mit allen in den Tod.

Leute, alt ist die Geschichte,
könnte heute sie entstehn?
Daß die Kinder und der Korczak
singend durch die Straßen gehn?

Der Frieden, Kind, der Frieden

Der Frieden, Kind, der Frieden,
du fragst, was das wohl sei.
Der Frieden ist der Frieden
und ist doch vielerlei.

Kann sein, er ist die Taube,
die Blume und der Fisch,
kann fliegen, wachsen, schwimmen
und kommt an unsren Tisch.

Kann sein, er ist ein Apfel,
ein Sonnenblumenkern,
der große Bär am Himmel,
ein kleiner Augenstern.

Kann sein, er ist ein Nachbar,
kommt manchmal zu Besuch.
Kann sein, er ist im Brunnen
und in dem Bilderbuch.

Kann sein, er ist ein Bäcker,
ein Riese und ein Zwerg –
und backt mit allen Kindern
den großen Kuchenberg.

Kann sein, er ist vertrieben
und viel zu oft allein,
er sucht bei uns die Bleibe
und will gehalten sein.

Der Frieden, Kind, der Frieden
hat auch nach dir gefragt.
Wirst du ihn leiden können,
was hast du ihm gesagt?

HANNA HANISCH

Vom braven Oliver

Nein, nein! und nochmal nein!
rief Frau Adelheid Rocke.
Mein Oliver soll kein Dreckspatz sein.
Her mit der großen, riesengroßen

KÄSEGLOCKE.

Freche Jungen mit langen Zungen,
die Oliver zausen,
bleiben hübsch draußen.

Brav in der Hocke unter der Glocke
sitzt Oliver, dem nichts mehr passiert.
Saubere Nägel, sauberer Zeh,
dreimal gibt's Zwieback ohne Gelee,
weil das so schmiert.

Armer Oliver,
der nicht kleckert, nicht dreckert,
bohrt nie in der Neese.
Was wird nun aus ihm?

Edamer Käse.

An einem Tag

Axel und ich auf dem Schulhof
brüten im Schwitzkasten.
Riß in der Hose,
Dreck im Gesicht.
Axel heult.
Ich pfeife vor Wut.

Zu Hause: Wie siehst du aus?
Hast du schon wieder ...
Daß du mir nie mehr mit dem da,
marsch, in die Küche!
Am Telefon streiten sie:
Axels Vater und meiner.

Axel und ich auf der Mauer
tauschen postfrisch und gestempelt
Polen gegen Uruguay,
Max und Moritz gegen Apollo acht.
Axel grinst.
Ich pfeife mir eins.

Telefonieren die immer noch?

DORIS MÜHRINGER

Besuch der alten Dame

Gibt es noch Bäume
fragte sie
Ja
Gehn Sie rauf
und die Straße lang
und ums Eck und wieder
die Straße lang
und dann gehn Sie weiter die Straße lang
und weiter

Gibt es noch Pferde
fragte sie
Ja
Manchmal bei Nacht
wenn die nämlich beim Streik
den Benzinhahn zudrehn
Dann geben Sie acht
in der Nacht
auf den Milchmann

Gibt es noch Nacht
Ja
Wenn beim E-Werk was platzt
und das Licht mal ausfällt
dann gibt es noch Nacht
Und dann kann man sogar
auch den Mond sehn
(gesetzt daß er scheint)
und das ist dann bestimmt
keine Lichtreklame

JO SCHULZ

Zur Theorie der Purzelbäume

In der Purzelbaumschule
sitzen die braven
Purzelbaumschüler
und lernen
    und schlafen.

Ein Purzelexperte
erzählt mit Behagen
von all den Purzeln,
die er einst geschlagen ...
    Hei, wie das Publikum lachte!

Nichts gegen die Purzelbaumtheorie –
und doch verdutzt mich irgendwie,
daß keiner
    mal einen machte!

ERICH FRIED

Humorlos

Die Jungen
werfen
zum Spaß
mit Steinen
nach Fröschen.

Die Frösche
sterben
im Ernst.

ILSE KLEBERGER

Frühling

Die Amsel singt
und dein Gummiball springt.
Die Sonne flirrt
und dein Springseil schwirrt.
Der Apfelbaum blüht
und dein Rollschuh zieht
eine schnurgrade Bahn.
Und ein alter Mann
spazierengeht ...
Und dein Kreisel dreht

sich rundherum.
Und du weißt nicht, warum
du so fröhlich bist?
Weil Frühling ist!

Sommer

Weißt du, wie der Sommer riecht?
Nach Birnen und nach Nelken,
nach Äpfeln und Vergißmeinnicht,
die in der Sonne welken,
nach heißem Sand und kühlem See
und nassen Badehosen,
nach Wasserball und Sonnenkrem,
nach Straßenstaub und Rosen.

Weißt du, wie der Sommer schmeckt?
Nach gelben Aprikosen
und Walderdbeeren, halb versteckt
zwischen Gras und Moosen,
nach Himbeereis, Vanilleeis
und Eis aus Schokolade,
nach Sauerklee vom Wiesenrand
und Brauselimonade.

Weißt du, wie der Sommer klingt?
Nach einer Flötenweise,
die durch die Mittagsstille dringt,
ein Vogel zwitschert leise,
dumpf fällt ein Apfel in das Gras,
ein Wind rauscht in den Bäumen,
ein Kind lacht hell, dann schweigt es schnell
und möchte lieber träumen.

Herbst

Im Herbst muß man Kastanien aufheben,
die braun aus stachliger Schale streben;
man sammelt und sammelt um die Wette
und fädelt sie zu einer endlosen Kette.

Im Herbst muß man Haselnüsse essen,
das darf man auf keinen Fall vergessen!
Man muß sich beeilen, denn das Eichhorn mag sie auch
und plündert mit Windeseile den Strauch.

Im Herbst muß man Äpfel und Birnen schmausen,
doch nicht aus des Nachbarn Garten mausen.
Man muß sich mit eignen Früchten befassen
oder sich nicht erwischen lassen.

Im Herbst muß der bunte Drachen steigen.
Man muß ihm den Weg in den Himmel zeigen.
Dann schwebt er hoch über Nachbars Dach
und man reckt den Hals und schaut ihm nach.

Winter

Vom Norden der Winter kam heut in der Nacht.
Was hat er der Stadt alles mitgebracht?
Dem Mann auf dem Denkmal einen schneeweißen Hut,
der Turmuhr eine Mütze, die steht ihr sehr gut,
der Tanne im Park einen Pelz aus Hermelin,
der Fensterscheibe Blumen, die trotz Eis und Kälte
        blühn,
den Dachrinnen Bärte und der Pumpe einen Zopf,
den Kindern rote Nasen und 'nen Schneeball an den
        Kopf.

MAX KRUSE

Herr Schneck
    (mit seinem Versteck)
kommt so rasch,
        daß es braust
um die Ecke gesaust.
        Da schreit er laut:
Halt!!!
Fast
    wären wir
zusammengeknallt!
Herr!!!
        Sehen Sie nicht,
daß ich
die Vorkriech habe?
            Sie sind vielleicht
ein Unglücksrabe!
        Beinahe hätte es
einen Unfall gegeben,
    mir verdanken Sie,
daß Sie
    noch leben!
Sie haben wohl
    keinen Kriecherschein?
»Nein!«
    brummt der Stein.

Zeit-Wörter

Ich bin,
du bist,
wir sind –
so lernt es jedes Kind.

Ich war,
du warst,
wir waren –
auch das ist bald erfahren.

Und was dazwischen
so geschwind

von Tag zu Nacht
vorüberrinnt –
das ist,
das wird gewesen sein:
dein Wirbelwind
von Jahren,
der eben erst
beginnt.

Mein Glück

Draußen kreischt
die Straßenbahn.
Drüben gröhlt
ein Blödian.
Über mir
tobt ein Klavier,
nebenan
ein Hundetier.
Unten
dröhnt das Radio,
und das Wasser
rauscht im Klo.
In der Küche
pfeift der Topf,
und ein Hammer
übt klopf-klopf.
Doch mir macht das
gar nichts aus –
denn ich bin ja nicht
zu Haus!

HANS GEORG LENZEN

Regen

Ich bin schon manchmal aufgewacht,
wenn's regnet mitten in der Nacht,
dann lieg ich da und höre:
Der Regen trommelt auf das Dach
und rauscht und plätschert wie ein Bach
durch unsere Regenröhre.

Und heult der Wind um unser Haus –
das macht mir überhaupt nichts aus,
das Kissen hält mich warm.
Die Welt ist draußen schwarz und kalt,
ich lieg in meinem Bett und halt
den Teddybär im Arm.

FRANZ FÜHMANN

Des Teufels ruß'ger Gesell

Und als der Soldat aus dem Krieg kam
mit sieben Löchern für den König im Fell,
da fand er im Land keine Bleibe,
da zog er in die Höll.
Dort gab man ihm eine Stell,
er hatte die Kessel zu heizen
und sollte mit den Kohlen nicht geizen,
so war er des Teufels Gesell.

Und als er an den ersten Kessel trat,
da sah sein Hauptmann heraus.
»Ach du mein guter Kamerad,
hilf mir aus der Hölle heraus!« –
»Aber nein, da wird nichts draus,
du hast mich auf Erden geschunden,
nun bleib in der Hölle drunten,
des Teufels fetter Schmaus!«

Und als er an den zweiten Kessel trat,
da sah sein Marschall heraus.
»Ach du mein guter Kamerad,
hilf mir aus der Hölle heraus!« –
»Aber nein, da wird nichts draus,
du hast mich auf Erden geschunden,
nun bleib in der Hölle drunten,
des Teufels fetter Schmaus!«

Und als er an den dritten Kessel trat,
da sah sein König heraus.
»Ach du mein guter Kamerad,
hilf mir aus der Hölle heraus!« –
»Aber nein, da wird nichts draus,
du hast mich auf Erden geschunden,
nun bleib in der Hölle drunten,
des Teufels fetter Schmaus!«

»Und seid ihr alle in der Hölle,
dann ist's wohl auf Erden schön,
dann kann ich ruß'ger Geselle
endlich nach Hause gehn!«
Er ließ die Teufelsbraten flehn,
versorgte noch die Kessel mit Kohlen
und hat sich aus der Hölle gestohlen
auf Nimmerwiedersehn.

Lob des Ungehorsams

Sie waren sieben Geißlein
und durften überall reinschaun,
nur nicht in den Uhrenkasten,
das könnte die Uhr verderben,
hatte die Mutter gesagt.

Es waren sechs artige Geißlein,
die wollten überall reinschaun,
nur nicht in den Uhrenkasten,
das könnte die Uhr verderben,
hatte die Mutter gesagt.

Es war ein unfolgsames Geißlein,
das wollte überall reinschaun,
auch in den Uhrenkasten,
da hat es die Uhr verdorben,
wie es die Mutter gesagt.

Dann kam der böse Wolf.

Es waren sechs artige Geißlein,
die versteckten sich, als der Wolf kam,
unterm Tisch, unterm Bett, unterm Sessel,
und keines im Uhrenkasten,
sie alle fraß der Wolf.

Es war ein unartiges Geißlein,
das sprang in den Uhrenkasten,
es wußte, daß er hohl war,
dort hat's der Wolf nicht gefunden,
so ist es am Leben geblieben.

Da war Mutter Geiß aber froh.

JOSEF GUGGENMOS

Auf dieser Erde

Zwei Pferde gingen bekümmert
im Gänsemarsch durch den Schnee.
Sie traten in ein Gartenhaus,
das hatten sie selber gezimmert.
Dort zogen sie ihre Halfter aus
und tranken Kaffee.
Doch unter dem Deckel der Zuckerdose
fanden sie keine süßen Brocken,
fanden sie eine Herbstzeitlose
mit angezogenen Knien hocken
(sie hatte sich vor dem Frost verkrochen
und sah nun mit blaßlila Augen her).
Ich kann nicht mehr,
sagte das eine der Pferde,
es ist alles so Winter auf dieser Erde.

Ich weiß einen Stern
gar wundersam,
darauf man lachen
und weinen kann.

Mit Städten, voll
von tausend Dingen.
Mit Wäldern, darin
die Rehe springen.

Ich weiß einen Stern,
drauf Blumen blühn,

drauf herrliche Schiffe
durch Meere ziehn.

Wir sind seine Kinder,
wir haben ihn gern:
Erde, so heißt
unser lieber Stern.

Das Gewitter

Hinter dem Schloßberg kroch es herauf:
Wolken – Wolken!
Wie graue Mäuse,
ein ganzes Gewusel.

Zuhauf
jagten die Wolken gegen die Stadt.
Und wurden groß
und glichen Riesen
und Elefanten
und dicken, finsteren Ungeheuern,
wie sie noch niemand gesehen hat.
»Gleich geht es los!«
sagten im Kaufhaus Dronten
drei Tanten
und rannten heim, so schnell sie konnten.

Da fuhr ein Blitz
mit hellichtem Schein,
zickzack,
blitzschnell
in einen Alleebaum hinein.

Und ein Donner schmetterte hinterdrein,
als würden dreißig Drachen
auf Kommando lachen,
um die Welt zu erschrecken.
Alle Katzen in der Stadt
verkrochen sich
in die allerhintersten Stubenecken.

Doch jetzt ging ein Platzregen nieder!
Die Stadt war überall
nur noch ein einziger Wasserfall.
Wildbäche waren die Gassen.

Plötzlich war alles vorüber.
Die Sonne kam wieder
und blickte vergnügt
auf die Dächer, die nassen.

So geht es in Grönland

Ein Eskimomädchen
mit blauschwarzem Haar
steckt sein Stupsnäschen
aus einer Schneehaustür
und ruft:
>>Ein Mercedes!<<

Alles stürzt zu ihr.
Rings liegt Grönland weiß und still ...
Das kleine Mädchen schreit:
>>April, April!<<

Ein Elefant marschiert durchs Land
und trampelt durch die Saaten.
Er ist von Laub und Wiesenheu
so groß und kühn geraten.

Es brechen Baum und Gartenzaun
vor seinem festen Tritte.
Heut kam er durch das Tulpenfeld
zu mir mit einer Bitte.

Er trug ein weißes Kreidestück
in seinem langen Rüssel
und schrieb damit ans Scheunentor:
»Sie, geht es hier nach Brüssel?«

Ich gab ihm einen Apfel
und zeigte ihm die Autobahn.
Da kann er sich nicht irren
und richtet wenig an.

Die Tulpe

Dunkel
war alles und Nacht.
In der Erde tief
die Zwiebel schlief,
die braune.

Was ist das für ein Gemunkel,
was ist das für ein Geraune,
dachte die Zwiebel,
plötzlich erwacht.

Was singen die Vögel da droben
und jauchzen und toben?

Von Neugier gepackt,
hat die Zwiebel einen langen Hals gemacht
und um sich geblickt
mit einem hübschen Tulpengesicht.

Da hat ihr der Frühling entgegengelacht.

Verkündigung

Die Schafe
hatten sich aneinandergedrückt,
ganz dicht.
Es war im Winter, weißt du,
Nacht war's und kalt.
Die Hirten saßen ums Feuer,
steif und gebückt.

Da kam ein Engel,
in der schwarzen Nacht stand er hell,
groß war er, schön.
Der hob den Arm: »Fasset Mut!
Seht ihr den Stern
und darunter den Stall?
Dorthin müßt ihr gehn!
Von nun an ist alles gut.«

Kater, Maus und Fußballspiel

Hinterm Haus
sitzt seit Stunden der Kater.
Was tut er, und was tat er?
Was tat er, was tut er immer noch?
Er flüstert in ein Mauseloch:

»Komm heraus!
Komm heraus, du kleine Maus.
Komm heraus, du süße Kleine.
Ja, du weißt schon, wie ich's meine.
Mut, mein Mäuslein, Mut!
Ich meine es ja nur gut.
(Ich meine es ja nur gut mit mir.)
Schnell, schnell, schnell, du liebes Tier!«

Der Kater, jetzt hört er was gehen.
Er riecht was: Es duftet nach Maus.
Er denkt: Gleich wird es geschehen!
Schon spitzt ein Mäuslein heraus ...

Da ...

Alles aus!

Jungen
kommen gesprungen.
Knall!
Ein Ball!
Alles schreit.
Der Kater bringt sich in Sicherheit.

Das Mäuslein,
verkrochen in seine tiefste Kammer,
legt das Gesicht in seine kleinen Hände
(um sie zittern die Wände)
und denkt voll Jammer:

Es hätte so schön sein können dort oben,
wo die jetzt toben!

Geschichte vom Wind

Am Abend spielte ein Hauch
um Wange, Blume und Strauch.
Da war der Wind
noch ein Kind.
Aber dann

in der Nacht
wurde aus dem Kind ein Mann.
Der zeigt, was er kann.
Der weiß, wie man's macht,
daß alles rasselt und prasselt und kracht,
daß jeder erwacht!
Die Linden in der Allee
ächzen: »O weh,
wir werden gestohlen!
Haben wir Zweige, haben wir Flügel?
Bald sausen wir über Stadt und Hügel
als grüne Dohlen!«
Hei! Mit Hi-, Hu-, Ha-, Heulen
rast der Wind um den Turm.
Aus dem Schalloch gucken drei Eulen.
»Fliegen wir aus bei diesem Sturm?
Nein,
das kann nichts taugen!«
Und sie schauen einander an
mit großen Augen.
Auf der Kirchturmspitze der Wetterhahn
dreht sich kreischend im Kreis:
»Das ist der schönste Sturm, den ich weiß.
Bald ist's kein Sturm mehr, bald ist's ein Orkan!«
Drei Stunden tobte der Sturm.
Er warf Autos um wie ein Riese.
Doch am Morgen spielte der Wind wieder sanft
wie das Lämmlein auf der Wiese.
Ein Seemann sprach:
»Es weht eine leichte Brise.«

Das Fischlein im Weiher

Weißt du, was das Fischlein im Weiher macht,
wenn es Langeweile hat?
Es steht ganz still
im Wasser.
Und nun gib acht!

Es bläst ein Bläslein aus seinem Mund.
Das trudelt nach oben,
kugelrund,
erst langsam,
dann schneller,
und platzt.

Dann aber schickt das Fischlein
drei, vier und mehr
silberne Bläslein
dahinter her:
die trudeln geschwind,
wer das erste sei,
bis sie oben sind.

So macht es das Fischlein im Weiher.
Du meinst, das sei ein seltsamer Brauch?
Aber wenn du ein Fischlein wärst –
du tätest es auch!

Wenn ein Auto kommt

Wie es die Hühner machen,
das weißt du doch.
Sie müssen geschwind unbedingt
auf die andere Seite noch.

Daß wir wie aufgeregte Hennen
blindlings über die Straße rennen,
kann's das bei uns geben? –
Nie im Leben!

Robo

In einem Haushalt gibt's zu tun
von früh bis spät, tagaus, tagein.
Doch uns geht's gut. Den Laden schmeißt
ROBO, der Roboter, allein.

Er kocht, er spült, er saugt, er schrubbt.
Für ihn gibt's kein Problem.
Wer wäscht das Auto? ROBO kann's! –
Wir machen's uns bequem.

Wer putzt die Fenster? Wer heizt ein?
ROBO! ROBO! ROBO!
Steigt einer nachts zum Fenster rein:
ROBO haut ihn k.o.!

Seit einer Woche aber ist
ROBO so kurios.
Kann's eine Drahtverschlingung sein?
Ist eine Schraube los?

Er streicht die Zimmerlinde flach,
begießt die Kissen mit der Kanne.
Die Eier zieht er ritsch-ratsch auf,
den Wecker haut er in die Pfanne.

Wo jault der Hund? Er steckt im Müll.
Was rumpelt vor dem Haus?
ROBO führt an der Hundeleine
den Abfalleimer aus.

So werkt er unverdrossen fort,
von früh bis spät, tagaus, tagein.
Den Geldbriefträger schmeißt er 'naus,
den Dieb läßt er herein.

Er schafft, so tüchtig wie nur je,
mit immer gleicher Miene.
Statt alter Wäsche stopft er jetzt
die Post in die Maschine.

Erst schnippelt er die Schuhe klein,
dann wichst er die Karotten.
Der Schellfisch wird schön abgestaubt,
das Telefon gesotten.

Wir haben ROBO angeschafft –
jetzt ist er Herr im Haus.
Zum Teppich sagt er: »Guten Tag!«
Und uns? Uns klopft er aus!

Ungenügend

Ich kannte einen Regenwurm,
der sich dreimal ringelte,
wenn man dreimal klingelte.
Doch sprach Professor Friedrich Stur:
Das reicht noch nicht zum Abitur!

Auf dem Markt in Bengalen

Auf einem Markt in Bengalen
nahm ein Tiger sich Würstchen vom Stand.
Die aß er, ohne zu zahlen.
Dann ging er fort über Land.

Ja, ist das ein Betragen?
Doch traute sich keiner was sagen.

Begegnung

Fern im heißen Indien
schritt ein Tiger leis dahin.
Da kam ein Herr aus Degerloch,
der Tiger schritt viel leiser noch.

Tipp mit dem Finger aufs Buch ganz fein:
tipp, tipp, es kann gar nicht leis genug sein!
Fast nicht zu hören: tipp, tipp – so still
kann ein Tiger gehen, so leis, wenn er will.

Jetzt poch mit der Faust auf den Tisch ganz schwer:
So stapfte der Mann durch die Gegend daher.
Poch, poch: der Mann aus Degerloch!
Was wird geschehen? Wir hören es noch.

Sie sahen sich an und nickten sich zu.
Man grüßt sich doch! Was dachtest du?
Dann schritten sie heiter weiter fort,
der eine nach da, der andre nach dort.

Verlassenes Haus

In einem Haus schellt
das Telefon, schellt und schellt.
Dann: Totenstille.

HANS ADOLF HALBEY

Traktor-Geknatter

Ein Traktor kommt um die Ecke gerattert.
Man kennt ihn gleich, wie er klappert und knattert
und rüttelt und ruckelt
und zittert und knackt
und schüttelt und zuckelt
und stottert im Takt.
Bis unter die Brücke zum dicken Bagger
wackelt der Traktor mit taketa-taka
taketa-taka, taketa-pff
take-pff
take – – aus!
Dann geht der Traktorfahrer nach Haus.

Pampelmusensalat

Bei der Picknickpause in Pappelhusen
aß Papa mit Paul zwei Pampelmusen.
Doch bei dem Pampelmusengebabbel
purzelte plötzlich der Paul von der Pappel
mit dem Popo in Papas Picknickplatte,
wo Papa die Pampelmusen hatte.

»O Paul«, schrie Papa, »du bist ein Trampel!
Plumpst mitten in meine Musepampel –
ich wollte sagen: in die Mampelpuse –
nein: Pumpelmase – nein: Pampelmuse!!«

Das gab vielleicht ein Hallo!
Die Pappeln, der Papa, der Paul und sein Po,
das Picknick, die Platte (um die war es schad') –
das war ein Pampelmusensalat!

Trotzdem

Wenn die Mama morgens schreit:
Aufstehn, Kinder, höchste Zeit! –
sagt ein richtig braves Kind:
Die spinnt!

Zähneputzen, frische Socken
und zum Frühstück Haferflocken,
Vaters Sprüche: Das macht stark! –
alles Quark!

Wer am Morgen ohne Schimpfen,
Fluchen, Stinken, Naserümpfen
etwa brav zur Schule geht –
der ist blöd.

Lärmen, prügeln, Türen knallen,
allen auf die Nerven fallen,
grunzen, quieken wie ein Schwein –
das ist fein!

Rülpsen, Spucken, Nasebohren,
Nägel kauen, schwarze Ohren,
schlimme Worte jede Masse –
Klasse!

Und wenn Papa abends droht:
Schluß mit Fernsehn, Abendbrot! –
schreit doch jedes Kind im Haus:
Raus!
Trotzdem:
Kinder, schützt eure Eltern!

Schimpfonade

Du sechsmal ums Salzfaß gewickelter Heringsschwanz!
Du viermal im Mehlpott gepökelter Krengeldanz!
Kropfbeißer, Kratzknacker, du hinkende Maus!
Sumpfdotter, Putzklopper, du zwickende Laus!
'ne Heulbeule biste, verdrück dich mit Soße!
Und ich geb' dir Quark mit Musik auf die Hose!
Du Giftwanstfresser, ich puste dich weg!
Und ich hol' meinen Bruder, der spuckt mit Dreck ...
Ihr Kinder, wir müssen nach Hause gehn!
Och, Mutti, wir spielen doch grad so schön.

Kleine Turnübung

Aufgezwackt und hingemotzt
angezickt und abgestotzt
jetzt die Kipfe auf die Bliesen
langsam butzen, tapfen, schniesen
dreimal schwupf dich
   knitz dich
      lüpf
siehstewoll – da flatzt der Büpf.

WERNER HALLE

AEIOU

Tante Klara macht am Abend
manchmal sich ein warmes Bad,
radelt gern und mag Bananen
oder Ananassalat.

Besengret, die Wetterhexe,
hext den Regen, hext den Schnee,
fegt auf ihrem Hexenbesen
über Felder, Berg und See.

Zipf und Kipf, die beiden Wichtel,
sitzen schon seit Viertel vier
auf dem Fliegenpilz und trinken
Wichtelwein und Wichtelbier.

Oben jodelt, oh wie komisch,
Onkel Otto aus Tirol,
hat ein Loch im Hosenboden
und kocht morgen Rosenkohl.

Unten schlurft durch dunkle Stuben
Urgroßmutter Uhlenfuß,
brummt und braut Rapunzelsuppe,
Wurzelwein und Gurkenmus.

FRITZ SENFT

Tante Ellen

Ich muß mich, dachte Tante Ellen,
mal wieder auf die Waage stellen!
Doch als sie oben stand, nanu!
schloß sie geschwind die Augen zu
und schrie erbost und mißvergnügt:
»Wetten, diese Waage lügt!«

URSULA WÖLFEL

Ostern

Noch immer ist alles wie gestern.
Die Luft schmeckt noch immer nach Nebel,
und schwer liegt der Rauch auf dem Dach.
Ich stecke die Hand in die Tasche,
ich ziehe den Kopf in den Kragen
und sehe mich nicht nach dir um.
    Aber die Amsel, die Amsel
    sitzt auf dem First und flötet.

Ein Grashalm wächst grün aus dem Pflaster.
Der Mann vor der Krankenhauspforte
ist fröhlich. Nun darf er nach Haus.
Ich habe dich gestern beleidigt,
ich habe dich gestern geschlagen –

und war ich nicht gestern im Recht?
Aber die Amsel, die Amsel
sitzt auf dem First und flötet.

Ich laufe, ich will dich noch finden,
denn alles ist anders als gestern!
Da kommst du und gibst mir die Hand.

VERA FERRA-MIKURA

Vieles ist aus Holz gemacht:

Die Wiege,
die Hühnerstiege,
das Brunnenrohr
und der Trog davor,
das Nudelbrett
und das Himmelbett,
die Türen
und die Löffel zum Rühren.
Sogar der Besen
ist einmal im Wald gewesen,
und wie die Bänke und Schränke
und wie der Leiterwagen
hat er einst grüne Blätter getragen.

Ist es ein Wunder, wenn in der Nacht
unter dem Dach etwas knarrt und kracht?
Die Kästen und Balken und Bretter träumen,
sie wären noch draußen bei den Bäumen,
und der Sturm, ein zorniger Bär,
schüttle sie hin und her.

ROSWITHA FRÖHLICH

Lottchen, Lottchen,
ach mein Gottchen,
holchen mirchen bittchen mal
meinchen feinchen klitzekleinchen
grünchen Blümchenseidenschal
hintchen aus dem Kleiderschränkchen,
dennchen sonstchen werd ich kränkchen.
Na? Wirds bald?
Oder soll ich ernsthaft mit dir reden?

Meine Tante Ernestine
ist ein selten schwerer Fall.
Meine Tante Ernestine
hat Wehwehchen überall.

Mal am Kopf und mal am Herzen,
mal am Bug und mal am Heck,
Tag und Nacht hat Tantchen Schmerzen,
denn das ist ihr Daseinszweck.

Als ihr einmal gar nichts fehlte,
rief sie schreckensbleich: »Wie das?
Irgendwie, ich spür es deutlich,
fehlt mir heute irgendwas.«

HANS STEMPEL / MARTIN RIPKENS

Kinderkram

Taschenmesser, Luftballon,
Trillerpfeife, Kaubonbon,
Bahnsteigkarte, Sheriffstern,
Kuchenkrümel, Pflaumenkern,
Bleistiftstummel, Kupferdraht,
Kronenkorken, Zinnsoldat,
ja, sogar die Zündholzdose
findet Platz in Peters Hose.
Nur das saubre Taschentuch
findet nicht mehr Platz genug.

Willkommen an Bord

Guten Abend, liebe Kinder.
Im Namen von Kapitän Sandmann
und seiner Besatzung
begrüßen wir euch an Bord
unseres vierbeinigen Jumbobetts.
Bitte deckt euch gut zu,
und wir empfehlen euch auch,
während des ganzen Fluges
schön eingekuschelt zu bleiben.
Wir fliegen mit einer Geschwindigkeit
von siebenundsiebzig Traummeilen.
Unsere Flugzeit ins Morgenland
wird zehn Stunden betragen.

Zum Liebhaben stehen Puppen
und Plüschbären zur Verfügung.
Es darf geschnarcht werden.

ERNST JANDL

ottos mops

ottos mops trotzt
otto: fort mops fort
ottos mops hopst fort
otto: soso

otto holt koks
otto holt obst
otto horcht
otto: mops mops
otto hofft

ottos mops klopft
otto: komm mops komm
ottos mops kommt
ottos mops kotzt
otto: ogottogott

fünfter sein

tür auf
einer raus
einer rein
vierter sein

tür auf
einer raus
einer rein
dritter sein

tür auf
einer raus
einer rein
zweiter sein

tür auf
einer raus
einer rein
nächster sein

tür auf
einer raus
selber rein
tagherrdoktor

und weinte bitterlich
und doktor oppelt kam
und weinte bitterlich
und frau direktor reichert kam
und weinte bitterlich
und gemüsehändler dungl kam
und weinte bitterlich
und ottokar prohaska kam
und weinte bitterlich
und bernhard röhrig von röhrig und co. kam
und weinte bitterlich
und anton ast, dentist, täglich außer
     sonnabend
 von 9–12 und 2–6, kam
und weinte bitterlich
und trude weitz kam
und weinte bitterlich

und edi ritter kam
und weinte bitterlich
und rudi vacek kam
und weinte bitterlich

ELISABETH BORCHERS

Mai

Es kommt eine Zeit
da machen die Vögel Hochzeit

Nachtigall und Lerche
Zaunkönig und Sperling
Rotkehlchen und Amsel

Ein Lied fliegt zum andern
Die Bäume tragen weite Kleider
Der Wind läutet die Blumen
Die Bienen haben goldne Schuhe

Die Katze
die graue die schwarze die weiße
sie darf es nicht tun
Sie darf die Hochzeit
nicht stören

August

Es kommt eine Zeit
da wachsen die Bäume
in den Himmel
Die Blumen wollen so groß sein
wie Bäume
Der Himmel
hoch oben
hat Wolken

Es kommt eine Zeit
da gehen rote Pilze
durch den Wald
und schwarzgelackte Käfer

Da ist die Sonne so heiß
daß man sie nicht anfassen kann

Da wächst es rot an den Sträuchern
und blau an den Gräsern
Das sind die Tage der Beeren

September

Es kommt eine Zeit
da hat die Sonne
alle Arbeit getan
Die Äpfel sind rot
Die Birnen sind gelb
und die Marktfrauen rufen
Pflaumen schöne Pflaumen

Es kommt eine Zeit
da wird die Sonne müde
und immer kleiner

So klein wie eine Orange
die nach Afrika zurückrollt
wie ein Taler
der von einer Hand zur andern wandert
wie der Knopf
vom Matrosenkleid

So klein wird die Sonne
daß der Himmel sie nicht mehr halten kann

Sie rollt übers Dach
rollt hintern Berg
jetzt kann sie keiner mehr sehen

November

Es kommt eine Zeit
da lassen die Bäume
ihre Blätter fallen
Die Häuser rücken
enger zusammen
Aus den Schornsteinen
kommt ein Rauch

Es kommt eine Zeit
da werden die Tage klein
und die Nächte groß
und jeder Abend
hat einen schönen Namen

Einer heißt Hänsel und Gretel
Einer heißt Schneewittchen
Einer heißt Rumpelstilzchen
Einer heißt Katherlieschen
Einer heißt Hans im Glück
Einer heißt Sterntaler

Auf der Fensterbank
im Dunkeln
daß ihn keiner sieht
sitzt ein kleiner Stern
und hört zu

JAMES KRÜSS

Die knipsverrückte Dorothee

Dorothea kriegte gestern
einen Fotoapparat.
Und nun knipst sie unermüdlich
Hochformat und Querformat.
Dorothea hat Geschick:
Klick!

Dorothea knipste Bilder
von der Mutter mit dem Hut,
von dem Pinscher namens Satan
und der Patentante Ruth.
Auch vom Vater mit dem Schlips:
Knips!

Dorothea wurde kühner,
denn nun knipste sie sogar
Nachbars aufgescheuchte Hühner
und die Birke mit dem Star.
Mittags war der Film schon voll.
Toll!

Vater in der Dunkelkammer
hat den Film mit Müh und Zeit
bis zum Abendbrot entwickelt.
Aufgepaßt, es ist soweit!
Mutter zog die Bilder ab:
Schnapp!

Abends sah sich die Familie
sehr verdutzt die Bilder an.
Vater grinste, Mutter lachte,
Tante Ruth rief: »Sieh mal an!«
Dorothea aber sprach:
»Ach!«

Man sah Mutters halbe Nase,
obendrein ein Stück vom Hut.
Und die umgestülpte Vase
war ein Bein von Tante Ruth.
An der Birke sah man bloß
Moos.

Nachbars Hühner waren deutlich.
Aber keines sah man ganz.
Links sechs Beine, rechts ein Flügel,
und ganz oben war ein Schwanz.
Vaters Bild war nur ein Schlips:
Knips!

Auch vom Pinscher namens Satan
sah man nur das linke Ohr,
und das schaute wie ein Dreieck
hinterm Kohlenkasten vor.
Jeder rief: Ojemine!
Dorothee!

Das Feuer

Hörst du, wie die Flammen flüstern,
knicken, knacken, krachen, knistern,
wie das Feuer rauscht und saust,
brodelt, brutzelt, brennt und braust?

Siehst du, wie die Flammen lecken,
züngeln und die Zunge blecken,
wie das Feuer tanzt und zuckt,
trockne Hölzer schlingt und schluckt?

Riechst du, wie die Flammen rauchen,
brenzlig, brutzlig, brandig schmauchen,
wie das Feuer, rot und schwarz,
duftet, schmeckt nach Pech und Harz?

Fühlst du, wie die Flammen schwärmen,
Glut aushauchen, wohlig wärmen,
wie das Feuer, flackrig – wild,
dich in warme Wellen hüllt?

Hörst du, wie es leiser knackt?
Siehst du, wie es matter flackt?
Riechst du, wie der Rauch verzieht?
Fühlst du, wie die Wärme flieht?

Kleiner wird der Feuersbraus:
ein letztes Knistern,
ein leises Flüstern,
ein schwaches Züngeln,
ein dünnes Ringeln —
aus.

Marmelade, Schokolade

Marmelade,
Schokolade
kaufen Sie bei mir!
Groben Zucker,
feinen Zucker,
alles gibt es hier!

Weiße Knöpfe,
schwarze Knöpfe,
Bänder für die Schuh,
Garn und Faden
gibt's im Laden,
greifen Sie nur zu!

Vogelfutter,
Markenbutter,
Mehl und Fett und Grieß,
große Gurken,
kleine Gurken,
sauer oder süß!

Tag, Herr Seemann!
Tag, Frau Lehmann!

Womit kann ich dienen?
Meine Eier
sind nicht teuer,
die empfehl' ich Ihnen!

Grüne Seife,
gelbe Seife,
Ata und Persil!
Kommen Sie
und kaufen Sie!
Es kostet gar nicht viel!

Geben Sie mir
diese Wurst hier
und ein Viertel Quark!
Gern geschehen!
Handumdrehen!
Kostet eine Mark!

So geht's weiter,
keck und heiter,
bis der Tag vorbei!
Noch im Bette
um die Wette
rufen alle drei:

Marmelade,
Schokolade
kaufen Sie bei mir!
Groben Zucker,
feinen Zucker,
alles gibt es hier!

Weiße Knöpfe,
schwarze Knöpfe,
Bänder für die Schuh!
Garn und Faden
gibt's im Laden,
greifen Sie nur zu!

Ameisenkinder

Wer hat Ameisenkinder gesehn?
Können sie nach sechs Tagen schon gehn?
Laufen die Ameisenbabies geschwinder
als zum Beispiel die Mistkäfer-Kinder?
Kriegen sie schon einen Klaps auf den Po?
Ach, meine Lieben, die Sache ist so:
Wer Ameisenkinder sah, ganz kleine,
Der lügt,
Der betrügt!
Es gibt nämlich keine.

Wenn die Möpse Schnäpse trinken

Wenn die
Möpse
Schnäpse
trinken,
wenn vorm
Spiegel
Igel
stehn,

wenn vor
Föhren
Bären
winken,
wenn die
Ochsen
boxen
gehn,
wenn im
Schlafe
Schafe
blöken,
wenn im
Tal
ein Wal
erscheint,
wenn in
Wecken
Schnecken
stecken,
wenn die
Meise
leise
weint,
wenn Giraffen
Affen
fangen,
wenn ein
Mäuslein
Läuslein
wiegt,
wenn an
Stangen

Schlangen
hangen,
wenn der
Biber
Fieber
kriegt,
dann
entsteht zwar
ein Gedicht,
aber
sinnvoll
ist es
nicht!

RUDOLF NEUMANN

Elefant im Großstadtlärm

Ein Elefant ging stracks und stramm
nachmittags um halb viere
durch eine dichtbelebte Stadt.
Und er ging mitten auf dem Damm,
wo ein Elefant bestimmt nichts zu suchen hat.
(Nicht etwa auf einem Gehsteig für Tiere.)

Der sausende, brausende Großstadtverkehr
ratterte, knatterte rings um ihn her.
(Man bedenke: am hellichten Tage!)

Aber niemand hat sich irgendwie gewundert.
Nirgends hat sich der Verkehr gestaut.

Niemand stellte irgendeine Frage.
(Also bitte sehr: ein Elefant! Und heute!
Schließlich leben wir im 20. Jahrhundert!)

Doch die allermeisten Leute,
selbst die Kinder,
haben nicht mal hergeschaut!

Allerdings, es handelte sich da um Inder.

Geschäftsgeist

In der Stadt Frankfurt auf der Zeil
lag ein Geschäft, das hielt Maulaffen feil.
Doch die Leute sind achtlos vorbeigelaufen,
niemand wollte dort Maulaffen kaufen –
um nichts in der Welt.

Da hat man die Maulaffen umgetauft
und von nun an als Katzen im Sack verkauft.
Jetzt strömten die Leute in hellen Scharen,
daß die Katzen und Säcke bald ausverkauft waren –
so kommt man zu Geld.

CHRISTA REINIG

Teppichlitanei

Chiwa Chotan Samarkand
Afghan und Beludschenland
Taschkent Beschir Buchara
alle aus Turkmenia.
Gehn die Anatoler beten,
werden diese vier betreten:
Kula Ladir Mudjur Meles
und als fünfter noch Ghiordes
dieser mit dem Türkenknoten,
Türken ist das Grün verboten.
Uschak Yürük Bergamo,
Pergamon heißt heute so.
Aus dem Kaukasus sind die:
Sumak Schirwan und Tschetschi
Talysch Derbent Daghestan
Gendsche Kasak Lesghistan
und nun fehlt noch der Iran:
Täbris Heris Yoraghan
diese aus Nordpersistan.
Mesched Herat Chorassan
diese aus Ostpersistan.
Und nun geht der Süden an:
Keschan Kirman Ispahan
Kaschkai Schiras Dschuscheghan
Bachtiari und Afschari.
Und zum Schluß der Westen hat
Mahal Mossul Muskabad
Saruk und Sultanabad

Gum, die blauen, Mir, die roten
Senneh mit dem Perserknoten
Hamedan und Ferahan
Serabend wir sind am End.

LAURA E. RICHARDS

Eletelefon

Es war einmal ein Elefant,
Der griff zu einem Telefant –
O halt, nein, nein! Ein Elefon,
Der griff zu einem Telefon –
(Verflixt! Ich bin mir nicht ganz klar,
Ob's diesmal so ganz richtig war.)

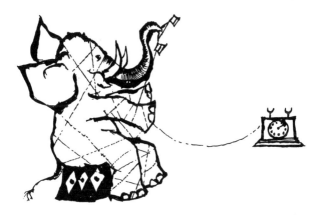

Wie immer auch, mit seinem Rüssel
Verfing er sich im Telefüssel;
Indes er sucht sich zu befrein,
Schrillt lauter noch das Telefein –
(Ich mach jetzt Schluß mit diesem Song
Von Elefuß und Telefong!)

JULIUS BECKE

Maria schickt den Michael auf den Schulweg

> Morgen
> werd ich dir zeigen,
> wie man den Wecker stellt.
>
> Hier ist der Ranzen,
> dein Brot,
> dein Mantel.
>
> Den Schlüssel
> mußt du dir um den Hals hängen.
>
> Beiße nicht
> auf deine Nägel,
> sondern argumentiere,
> wenn du im Recht bist.
> Überhöre Kommandos
> und schlage dich nicht
> mit den Verschlagenen.

Nun geh schon.
Du darfst weinen.
Dein Vater wollte das nicht lernen.

    Naturlehre

Wenn die Sonne untergeht
für immer,
was dann,
fragen die Kinder.

Wir erleben das nicht,
sage ich
und verschweige,
daß Atomkraftwerke
die Dämmerung
schon eingeschaltet haben.

GÜNTER BRUNO FUCHS

Für ein Kind

Ich habe gebetet. So nimm von der Sonne und geh.
Die Bäume werden belaubt sein.
Ich habe den Blüten gesagt, sie mögen dich schmücken.

Kommst du zum Strom, da wartet ein Fährmann.
Zur Nacht läutet sein Herz übers Wasser.
Sein Boot hat goldene Planken, das trägt dich.

Die Ufer werden bewohnt sein.
Ich habe den Menschen gesagt, sie mögen dich lieben.
Es wird dir einer begegnen, der hat mich gehört.

PETER HACKS

Ballade vom schweren Leben
des Ritters Kauz vom Rabensee

Es war ein alter Ritter,
Herr Kauz vom Rabensee.
Wenn er nicht schlief, dann stritt er.
Er hieß: der Eiserne.

Sein Mantel war aus Eisen,
Aus Eisen sein Habit.
Sein Schuh war auch aus Eisen.
Sein Schneider war der Schmied.

Ging er auf einer Brücke
Über den Rhein – pardauz!
Sie brach in tausend Stücke.
So schwer war der Herr Kauz.

Lehnt er an einer Brüstung,
Es macht sofort: Pardauz!
So schwer war seine Rüstung.
So schwer war der Herr Kauz.

Und ging nach solchem Drama
Zu Bett er, müd wie Blei:
Sein eiserner Pyjama
Brach auch das Bett entzwei.

Der Winter kam mit Schnaufen,
Mit Kälte und mit Schnee.
Herr Kauz ging Schlittschuh laufen
Wohl auf dem Rabensee.

Er glitt noch eine Strecke
Aufs stille Eis hinaus.
Da brach er durch die Decke
Und in die Worte aus:

Potz Bomben und Gewitter,
Ich glaube, ich ersauf!
Dann gab der alte Ritter
Sein schweres Leben auf.

Ladislaus und Komkarlinchen

Es war einmal ein Landsknecht,
Der hatte eine Maus,
Die Maus hieß Komkarlinchen,
Der Landsknecht Ladislaus.

Der Landsknecht liebt das Kämpfen,
Die Beute und die Ehr,
Aber sein Komkarlinchen,
Das liebt er noch viel mehr.

Sie aß von seinem Brote,
Sie schlief in seinem Bart,
Sie wohnt in seiner Tasche
Auf weiter Kriegesfahrt.

Nur wenn in eine Schlacht ging
Der Landsknecht mit der Maus,
Sprang sie ihm aus dem Rock und
Nahm wie der Wind reißaus.

Da wurd er sehr bekümmert
Und lief ihr hinterher
Die Kreuz und auch die Quere
Durchs ganze römische Heer.

Und weil sie lief nach hinten
Und niemals lief nach vorn,
Ging ohne ihn die Schlacht halt
Gewonnen und verlorn.

Der Krieg wurd immer älter,
Der Krieg wurd dreißig Jahr,

Älter als mancher Landsknecht
Alt geworden war.

Und die das Kämpfen liebten,
Die Beute und die Ehr,
Die lagen schon begraben
In Sachsen und am Meer.

Jedoch aus allen Wettern
Kam heilen Leibs heraus
Dank seinem Komkarlinchen
Der Landsknecht Ladislaus.

Der Walfisch

Der Walfisch ist kein Schoßtier,
Er ist ein viel zu groß Tier.
Er mißt zweihundert Ellen
Und macht gewaltige Wellen.

Er redet nicht, er bellt mehr.
Er stirbt von keinem Schuß.
Er rudert durch das Weltmeer
Als Flossenomnibus.

Ein Zaun sind seine Zähne,
Die Nase ne Fontäne,
Der Schwanz sogar ein Plättbrett.
Aus seinem Leib man Fett brät.

Das Wasser kräuselt bläulich
Sich um den schwarzen Kloß.
Der Walfisch ist abscheulich
Groß.

Der Winter

Im Winter geht die Sonn
Erst mittags auf die Straße
Und friert in höchstem Maße
Und macht sich schnell davon.

Ein Rabe stelzt im Schnee
Mit graugeschneitem Rücken,
In seinen Fußabdrücken
Sieht man jeden Zeh.

Der Winter ist voll Grimm.
Doch wenn die Mutter Geld hat
Und viel Briketts bestellt hat,
Dann ist er nicht so schlimm.

PETER HÄRTLING

zum auszählen

wer ruft ins loch: streich das eselsohr glatt
und hat schon den mondmann betrogen?
wer schlägt jeden abend zwei geister platt
und hat sich selbst belogen?

wer flieht ins loch wenn der knüppelsack droht
und knetet den spaßkopf zu brei?
wer bringt eine lungernde fliege in not?
wer sagt einmal eins ist drei?

der sitzt jetzt im loch und pfeift darauf –
der mondmann stopft es zu
und hört nicht mehr zu singen auf:
der mondmann der bist du!

EVA RECHLIN

In dieser Minute

In der Minute, die jetzt ist –
Und die du gleich nachher vergißt,
Geht ein Kamel auf allen vieren
Im gelben Wüstensand spazieren,
Und auf den Nordpol fällt jetzt Schnee,
Und tief im Titicacasee
Schwimmt eine lustige Forelle.
Und eine hurtige Gazelle
Springt in Ägypten durch den Sand.
Und weiter weg im Abendland
Schluckt jetzt ein Knabe Lebertran.
Und auf dem großen Ozean
Fährt wohl ein Dampfer durch den Sturm.
In China kriecht ein Regenwurm
Zu dieser Zeit zwei Zentimeter.
In Prag hat jemand Ziegenpeter,
Und in Amerika ist wer,
Der trinkt grad seine Tasse leer,
Und hoch im Norden irgendwo,
Da hustet jetzt ein Eskimo,
Und in Australien – huhu –
Springt aus dem Busch ein Känguruh.

In Frankreich aber wächst ein Baum
Ein kleines Stück, man sieht es kaum,
Und in der großen Mongolei
Schleckt eine Katze Hirsebrei.
Und hier bei uns, da bist nun du
Und zappelst selber immerzu,
Und wenn du das nicht tätest, wär
Die Welt jetzt stiller als bisher!

An die Mutter zum Muttertag

Wir wären nie gewaschen
und meistens nicht gekämmt.
Die Strümpfe hätten Löcher,
und schmutzig wär das Hemd.
Wir gingen nie zur Schule,
wir blieben faul und dumm
und lägen voller Flöhe
im schwarzen Bett herum.
Wir äßen Fisch mit Honig
und Blumenkohl mit Zimt,
wenn du nicht täglich sorgtest,
daß alles klappt und stimmt.
Wir hätten nasse Füße
und Zähne schwarz wie Ruß
und bis zu beiden Ohren
die Haut voll Pflaumenmus.
Wir könnten auch nicht schlafen,
wenn du nicht noch mal kämst
und uns, bevor wir träumen,
in deine Arme nähmst.
Wer lehrte uns das Sprechen?

Wer pflegte uns gesund?
Wir krächzten wie die Krähen
und bellten wie ein Hund.
Wir hätten beim Verreisen
nur Lumpen im Gepäck.
Wir könnten gar nicht laufen,
wir kröchen durch den Dreck!
Und trotzdem! Sind wir alle
auch manchmal eine Last:
Was wärst du ohne Kinder?
Sei froh, daß du uns hast!

Der Frieden

Die Angst vor Streit und Haß und Krieg
läßt viele oft nicht ruhn.
Doch wenn man Frieden haben will,
muß man ihn selber tun.

Der Frieden wächst, wie Rosen blühn,
so bunt, so schön und still.
Er fängt bei uns Zuhause an,
bei jedem, der ihn will.

Vom Frieden reden hilft nicht viel,
auch nicht, daß man marschiert.
Er kommt wie Lachen, Dank und Traum,
schon wenn man ihn probiert.

Man braucht zum Frieden Liebe,
natürlich auch Verstand,
und wo es was zu heilen gibt:
jede Hand.

DOROTHEE SÖLLE

Vom baum lernen
der jeden tag neu
sommers und winters
nichts erklärt
niemanden überzeugt
nichts herstellt

Einmal werden die bäume die lehrer sein
das wasser wird trinkbar
und das lob so leise
wie der wind an einem septembermorgen

Weisheit der indianer

Jeden tag
die erde mit den füßen berühren
am feuer sich wärmen
ins wasser fallen
und von der luft gestreichelt sein

Wissen ein tag ohne die vier
schwester wasser und bruder feuer
mutter erde und vater himmel
ist ein verrotteter tag

Ein tag im krieg
den wir gegen alles
führen

MICHAEL ENDE

Ein Schnurps grübelt

Also, es war einmal eine Zeit,
da war ich noch gar nicht da. –
Da gab es schon Kinder, Häuser und Leut'
und auch Papa und Mama,
jeden für sich –
bloß ohne mich!

Ich kann mir's nicht denken. Das war gar nicht so.
Wo war ich denn, eh es mich gab?
Ich glaub', ich war einfach anderswo,
nur, daß ich's vergessen hab',
weil die Erinnerung daran verschwimmt –
Ja, so war's bestimmt!

Und einmal, das sagte der Vater heut,
ist jeder Mensch nicht mehr hier.
Alles gibt's noch: Kinder, Häuser und Leut',
auch die Sachen und Kleider von mir.
Das bleibt dann für sich –
bloß ohne mich.

Aber ist man dann weg? Ist man einfach fort?
Nein, man geht nur woanders hin.
Ich glaube, ich bin dann halt wieder dort,
wo ich vorher gewesen bin.
Das fällt mir dann bestimmt wieder ein.
Ja, so wird es sein!

Ein sehr kurzes Märchen

Hänsel und Knödel,
die gingen in den Wald.
Nach längerem Getrödel
rief Hänsel plötzlich: »Halt!«

Ihr alle kennt die Fabel,
des Schicksals dunklen Lauf:
Der Hänsel nahm die Gabel
und aß den Knödel auf.

Die Ausnahme

Haben Katzen
auch Glatzen?
So gut wie nie!

Nur die fast unbekannte
sogenannte
Glatzenkatze,

die hat'se.
Und wie!

GÜNTER KUNERT

Über einige Davongekommene

Als der Mensch
unter den Trümmern
seines
bombardierten Hauses
hervorgezogen wurde,
schüttelte er sich
und sagte:
Nie wieder.

Jedenfalls nicht gleich.

Kinderlied vom raschen Reichwerden

Reich und immer reicher werden, doch
ohne eine Hand zu rühren, das
nimmt ein schlechtes Ende noch und noch.
Auf das schlechte Ende ist Verlaß.

Gierig sein bringt Kummer, darum weg
damit; besser ist großmütig sein.
Wenn du was besitzt, ja dann versteck
es nicht, denn es ist nicht wirklich dein.

Denn was du auch hast, es hat dir wer
doch gegeben und für dich gemacht.
Diene deinem Nächsten gleichfalls, er
braucht dich wie du ihn, darauf gib acht.

Zähne

Der Elefant hat zwei sehr lange,
der Tiger macht mit seinen bange
die andern Tiere um sich her,
denn sie sind nicht so stark wie er.

Der Mensch hat 32 Stück,
und hat er auch dazu noch Glück,
behält er sie sein Leben lang
und sagt dem Zahnarzt dafür Dank.

Das Zahnrad hat gewöhnlich viel
und läuft mit ihnen: ohne Ziel.
Es dreht sich immer nur um sich,
und das ist schon bedauerlich.

Dann gibt es noch: den Zahn der Zeit,
der schafft uns doch das meiste Leid,
er nagt an uns bei Tag und Nacht,
wogegen keiner etwas macht,

weil keiner je *den* Zahn gesehen
im Maul der Zeit steil aufrechtstehen.
Doch zöge man den Zahn der Zeit –
wir lebten bis in Ewigkeit.

Wie man zu seinem Kopf kommt

Du bist ein Mensch mit einem eignen Kopf,
Wie jeder ihn auf seinem Halse trägt:
Mit Augen, Nase, Ohren unterm Schopf
Und einem Mund, der Fragen frägt.

> Einen Kopf, den braucht man eben,
> Mein Kind.
> Einen Kopf fürs ganze Leben.
> Und der wird
> Keinem in der Lotterie gegeben.

Du siehst das Blatt, den Apfel und den Baum
Und weißt: Was wächst, ist was den Menschen nährt.
Und dieses Wissen wächst dir nicht im Traum
Und wird gelernt und wird gelehrt.

> Einen Kopf, den braucht man eben,
> Mein Kind.
> Einen Kopf fürs ganze Leben.
> Und der wird
> Keinem in der Lotterie gegeben.

Die vielen Dinge unterm Himmelszelt,
Sie machen deinen Kopf dir erst bewußt:
So lerne ihn zu brauchen für die Welt,
Daß du dich einst nicht schämen mußt.

> Einen Kopf, den braucht man eben,
> Mein Kind.
> Einen Kopf fürs ganze Leben.
> Und der wird
> Keinem in der Lotterie gegeben.

Auch rechnen kann doch keiner, der's nicht lernt.
Jedoch du weißt, daß eins und eins macht zwei
Und warum sich der Himmel nachts besternt;
Das brachte dir gewiß wer bei.

    Einen Kopf, den braucht man eben,
    Mein Kind.
    Einen Kopf fürs ganze Leben.
    Und der wird
    Keinem in der Lotterie gegeben.

JOSEF REDING

Überfluß und Hungersnot

Morgens Milch mit Haferflocken.
Mittags Fleisch in dicken Brocken.
Abends Speck und Spiegelei:
mancher von uns ißt für drei.

Morgens nur die Luft zum Kauen.
Mittags gar nichts zu verdauen.
Abends wilder Traum vom Brot:
viele leiden Hungersnot.

Hungersnot und Überfluß!
Weißt du, was man machen muß?

Meine Stadt

Meine Stadt ist oft
schmutzig;
aber mein kleiner Bruder
ist es auch,
und ich mag ihn.
Meine Stadt ist oft
laut;
aber meine große Schwester
ist es auch,
und ich mag sie.
Meine Stadt ist dunkel
wie die Stimme meines Vaters
und hell
wie die Augen meiner Mutter.
Meine Stadt und ich:
wir sind Freunde,
die sich kennen;
nicht flüchtig kennen
wie die von fern her,

die der Bürgermeister
manchmal über die
Hauptstraße führt. Er zeigt
ihnen nicht
die Schutthalden.
Zu Hause führen wir auch
unseren Besuch in das
Wohnzimmer und lassen ihn
mit unserem Mülleimer
in Ruhe.
Aber manchmal, bevor ich
zur Schule gehe,
klopfe ich dem
braven grauen Müllkasten
auf den Deckel,
daß er fröhlich klappert,
und am Schuttfeld werfe
ich grüßend einen
Stein auf die blitzende
Konservendose dahinten,
daß sie tanzt.

EVA STRITTMATTER

Die Drossel singt

Wenn ich sage: DIE DROSSEL SINGT,
So will das nicht viel sagen
Für den, der nicht weiß, wie der Drosselsang klingt.
Er kann nicht übertragen,

Was an meinen Worten wirklich ist.
Ihm fehlen Bilder und Töne.
Nur wenn man sie an Erfahrungen mißt,
Verwandeln sich Worte ins schöne
Gefühl. Man erweitert sie
Um Zeiten und um Welten.
Wem nie die Drossel sang märzmorgenfrüh,
Dem kann mein Wort nicht gelten.

JANOSCH

Eins zwei drei, Herr Polizeiste,
eine alte Seifenkiste,
hundert Sachen Affenzahn.
Affenkiste Seifenkahn –
drei Mark Strafe, Schweinerei!
Der ist frei.

Das Liebesbrief-Ei

Ein Huhn verspürte große Lust
unter den Federn in der Brust,
aus Liebe dem Freund, einem Hahn, zu schreiben,
er solle nicht länger in Düsseldorf bleiben.
Er solle doch lieber hier – zu ihr eilen
und mit ihr die einsame Stange teilen,
auf der sie schlief.
Das stand in dem Brief.

Wir müssen noch sagen: Es fehlte ihr
an gar nichts. Außer an Briefpapier.
Da schrieb sie ganz einfach und deutlich mit Blei
den Liebesbrief auf ein Hühnerei.
Jetzt noch mit einer Marke bekleben
und dann auf dem Postamt abgegeben.
Da knallte der Postmann den Stempel aufs Ei.
Da war sie vorbei.
Die Liebelei.

HEINZ KAHLAU

Junger Naturforscher

Über den Klatschmohn gebeugt,
sucht er eifrig zu finden,
wie die Natur diese Blume
in Einzelheiten gemacht.

Mit dem Ergebnis am Ende
noch lang nicht zufrieden,
tritt er zurück und bewundert
die rote empfindliche Pracht.

HANS MANZ

Katharina

Katharina, Katherine
schrieb auf einer Schreibmaschine
nachts um zwölf, als alles schlief,
an die Eltern diesen Brief:

Sagt mir einmal, warum dürfen

große Leute Suppe schlürfen?

Warum dürfen sie laut gähnen,

warum stochern sie in Zähnen,

weshalb dürfen sie in Ohren

mit dem kleinen Finger bohren?

Warum darf ich's aber nicht?

Warum habe ich die Pflicht,

einem Musterkind zu gleichen

Fragezeichen

Hans

Ein kluger Knabe, er hieß Hans,
dressierte eine fette Gans,
und brachte ihr ein Kunststück bei:
Sie legte ihm ein Spiegelei
samt Pfefferkörnern, Speck und Schmalz,
nebst einer kleinen Prise Salz.

Achterbahnträume

8
W8soldaten
bew8en
W8eln in Sch8eln
und l8en:

»Auf der W8,
um Mittern8
werden Feuer entf8
und die W8eln geschl8et,
wir haben lange genug geschm8et.«

»8ung«,
d8en die W8eln,
»wir öffnen mit Sp8eln
die Sch8eln,
denn der Verd8,
daß man uns hinm8,
ist angebr8«,
und entflogen s8,
abends um
8.

Wiedersehen

Zwei Freunde,
sie hatten sich lange nicht gesehen,
trafen sich auf einer Rolltreppe wieder.
Sie freuten sich ehrlich
und blieben stehen.
Doch ihr Wiedersehen war kurz und knapp,
denn der eine fuhr hinauf
und der andere fuhr hinab.

Fürs Familienalbum

Mama auf der Alm.
Klick.

Der Vater
stramm auf dem Berggrat.
Klick.

Die Tochter unterm
Wasserfall.
Klick.

Aber kein Film
im Apparat.
Klick.

Und die Ferien dahin,
für die Katz, ohne Sinn?

Bericht aus der Natur

Nachdem mich die verflixte, ekelhafte Wespe
unter dem Birnbaum am Waldrand
in den Hintern gestochen hatte,
machte ich einen großen Satz,

der lautete so:

Nachdem mich die verflixte, ekelhafte Wespe
unter dem Birnbaum am Waldrand
in den Hintern gestochen hatte,
machte ich einen großen Satz.

GERD HOFFMANN

Blöd!

Immer dasselbe
bei uns nach fünfe.
Mainzelmännchen
dürfen wir glotzen;
Heinzelmännchen
hat's mal gegeben.
Eben – na und?
Immer dasselbe
bei uns nach fünfe.
Vater ist müde,
Mutter nervös –
und jeden Abend
muß ich mich waschen.

JÜRGEN SPOHN

Vier ...

Ein Murmeltier
zum Murmeltier:
Wie wär's mit einem Murmelbier,
gleich hier bei mir?
Ein Murmelbier,
zwei Murmelbier,
drei Murmelbier,
vier ...

Seither gibt es
bei Murmeltieren
(vom vielen Murmelbierprobieren)
nur Milch und Brot
und – Bierverbot!

Kindergedicht

Honig, Milch
und Knäckebrot –
manche Kinder
sind in Not

Zucker, Ei
und Früchtequark –
macht nur manche
Kinder stark

Götterspeise
Leibgericht –
kennen
manche Kinder nicht

Wurst und Käse
Vollkornbrot –
manche Kinder
sind schon tot

»Kindergedicht«

5 Jahre alt,
ich kenne
keinen Wald,
die Stadt
ist meine Wiese,
der Vater ist
der Riese

6 Jahre alt,
das Fernsehn
spielt Gewalt,
die Eltern
sind nicht nett,
ich will noch
nicht ins Bett

7 Jahre alt,
die Wohnung
die ist kalt,
der Vater trinkt

sein Bier,
ach spiel doch
mal mit mir!

8 Jahre alt,
die Faust
die ist geballt,
die Schule
ist ein Dreck,
ich will
hier weg

9 Jahre alt,
der Vater
zählt Gehalt,
die Mutter will sich
scheiden lassen,
weil sich
meine Eltern hassen

10 Jahre alt,
ich heiße
Willibald,
die Eltern
tun mir leid –
sie haben
keine Zeit

Ein Schauder

Ein Schauder
stieg am Bahnhof aus
lief übern Damm
ins nächste Haus
und legt' sich
auf die Lauer
an einer
dunklen Mauer

Dort um die Ecke
bog ein Mann
den sprang er dann
von hinten an
mit Wonne & Entzücken
lief er ihm
übern Rücken

Ernste Frage

Drei Mäuse besprachen
die ernste Frage:
Was tut man
gegen die Menschenplage

Wie wär's mit
einer Menschenfalle?
Aber damit fangen wir
nicht alle

Oder ein Gift
in den Kaviar mischen?
So können wir auch
nicht alle erwischen

Da sagte
die allerklügste Maus:
Die rotten sich
demnächst selber aus!

Wo ist die Zeit

Wo ist die Zeit
vom letzten Jahr
als ich mit dir
so fröhlich war

Wo ist die Zeit
vom vergangenen Tag
Wo ist die Zeit
die dazwischen lag

Wo ist die Zeit
die man vergißt
weil da nicht viel
gewesen ist

Wo ist die Zeit
von morgen
Was hält sie
mir verborgen?

IRMELA BRENDER

Ein Kind braucht seine Ruhe,
die Kleider und die Schuhe,
die Mahlzeit und den Raum,
Wiese, Luft und Baum.

Ein Kind braucht gute Schulen
und auch mal Schlamm zum Suhlen
und oft ein gutes Wort
und Freunde hier und dort.

Ein Kind braucht sehr viel Freude
und gute Nachbarsleute,
Lust auf den nächsten Tag
und jemand, der es mag.

RICHARD BLETSCHACHER

Kinderküche

Ratet, ihr Leut,
was kochen wir heut?
Erdbrei und Grassalat
schmeckt, wenn man Hunger hat.

Was trinkt man dazu?
Aus meinem Schuh
ein Regenbier,
das lob ich mir.

Schlammkaffee und Sandkuchen
könnt ihr auch versuchen,
und für arme Schlucker
ein Stück Kieselzucker.

Das Ziegelbrot
ist ein bißchen rot,
verbrannt ist es mir,
kann nichts dafür.

Aber jetzt, meine Lieben,
dageblieben
und nach dem Naschen
Geschirr abwaschen!

Neues vom Rumpelstilzchen

Dem Rumpelstilzchen geht's nicht gut,
ihm ist so zweierlei zumut.
Jähzornig ist es von Natur,
von Selbstbeherrschung keine Spur.

Noch gestern war es quicklebendig,
doch heut hat es sich eigenhändig
der Länge nach entzweigerissen,
drum geht es ihm gar so beschissen.

Da liegt es nun im Krankenhaus
und sieht nicht sehr erfreulich aus.
Die Schwestern sind dort wirklich nett
und geben ihm ein Doppelbett.

Aus dieser leidigen Affäre
zieht es nun hoffentlich die Lehre,
sich zweimal erst zu überlegen,
ob es sich lohnt, sich aufzuregen.

DIETER MUCKE

Chaplin

Chaplin hat eine weiße Taube
Unter seinem schwarzen Hut
Und reizt einen dummen Polizisten
Bis aufs Blut

Indem er genauso aufgeblasen
Hin und her marschiert
Als ob ihm allein
Die breite Straße gehört
Bis der Polizist brüllt:
Du hast wohl einen Vogel!
Ich nehme dich fest!
Worauf Chaplin den Hut zieht
Und die Taube fliegen läßt.

Der Polizist
Guckt der Taube blöd hinterher.
Anschließend
Findet er Chaplin nicht mehr.

Vermutung

Ich glaube, auch den Fischen
Ist eine Sprache eigen
Und wenn sie reden, lassen
Sie viele Blasen steigen.

Doch, ob sie denken, kann man
Daraus noch nicht ersehen
Weil bei dem Denken Blasen
Viel seltener entstehen.

Die einfältige Glucke

Daß Kücken wachsen mit den Tagen
Nein, das konnt' sie nicht ertragen.

Solang sie klein und niedlich blieben
Ja, da waren sie die Lieben.

Da saß sie mit dem breiten Hintern
Die meiste Zeit auf ihren Kindern.

Sie hatte es am allerliebsten
Wenn sie nur ganz leise piepsten

So daß sie jedes niederdrückte
Das sich nicht mehr zum Kücken bückte.

Die ließen sich das nicht gefallen
Und sie war sehr enttäuscht von allen

Worauf sie nur noch Eier mochte
Die Ruhe hielten und keiner kochte:

Sie saß mit ihrem kleinen Grips
Froh und zufrieden auf Eiern aus Gips.

Die fliegende Kaffeemühle

Gibt es fliegende Untertassen?
Du brauchst nur mal eine fallen zu lassen.

Ich will niemanden belügen.
Sogar Kaffeeservice fliegen.

Dann sind sie jedoch kaputt oder krank
Und es fehlen ein paar Tassen im Schrank.

Kürzlich sah ich ein komisches Ding
Das als Kaffeemühle am Himmel hing.

Die Leier drehte sich schnurrend von selber
Und flog mit dem Kasten über die Felder.

Aber die Mühle war nicht ganz dicht
Weil etwas herausgerieselt ist.

Baden

Nackt den heißen Körper kühlen
Schweiß von Leib und Seele spülen
Schwerelos im Wasser schweben
Fischen stumm die Flosse geben.

Auf Unendlich stelln die Augen
Sich voll blaue Ruhe saugen
Mit den Wolken ein Stück treiben
Neu gebor'n dem See entsteigen.

Pantomime

Das ist ein Mann oder eine Frau
Dies weiß man meistens gar nicht genau
Die, ohne auch nur ein Wörtchen zu sagen
Lustige oder traurige Geschichten vortragen.

Das ist große Kunst und kein blauer Dunst
Wie bei denen, die mit den verschiedensten Sorten
Von ungeheuer aufwendigen Worten
So wenig zu sagen haben
Als ob ein undichter Luftballon fiept
Oder im Fernsehn der Sendeschluß piept.
(Hörst du da zu, oder guckst du da hin
Ob nun mit oder ohne Ton, ehrlich –
Es ergibt keinen Sinn.)

Deshalb
Ist die Kunst unentbehrlich.

Die Strafe

Ich lag auf der Wiese und sah in die Luft
Die Schwalben schossen im Himmel herum
Ein Bussard kreiste, es segelten Möwen
Wie Fische in einem Aquarium.
Das war riesengroß, das Wasser tiefblau
Und für die Fische des Himmels das Meer.
Und wie ich so träumte, und wie ich so sann
Da kam etwas schwebend und schwingend daher.

Das war weder Vogel, das war weder Fisch.
Ich staunte, es kam mir nicht unbekannt vor.
Ich dachte und schaute, ich schaute und dachte
Was ist das, verdammt, was ist das denn nur.
Ich glaub nicht an Geister, es näherte sich
Doch als ich's erkannte, durchfuhr mich ein Schreck.
Es war ein aufgeklappt fliegendes Buch
Gleich schwang es sich wieder eilig hinweg.

Entsetzt sprang ich auf und sah lang hinterher
Dann ging ich nach Hause, verstört und betroffen.
Es stand, genauso, wie ich es schon ahnte
Von meinem Zimmer das Fenster weit offen
Und klaffte, jawohl, im Regal eine Lücke.
Dort fehlte das Buch, das man mir geschenkt.
Ich hatte es leider noch gar nicht gelesen.
Das hab ich nun davon. Es war wohl gekränkt.

Vorfrühling

Noch grau der Himmel und die Birken schlafen
In blauen Nebeln, die den Wald verwischen –
Wie eine Morgendämmerung, die Tage dauert
In der sich Wirklichkeit und Märchen mischen.

Die Hexen segeln kreuz und quer als Krähen
Wolln Nebelfetzen fest zusammennähen
In aller Frühe noch, bevor die Sonne
Sie blendet und bevor die Hähne krähen.

Die Erfindung

Eine flinke Haselmausmutter
Kletterte mit einer Zellophantüte
Voll Studentenfutter
Auf den höchsten Baum.

Dort hatte sie eine schöne Aussicht
Und das Futter konnte ihr niemand klauen.

Sie fraß und guckte, sie guckte und fraß
Während sie so in der Sonne saß.

Ob es vielleicht deshalb passierte
Weil sie den Bauch nicht mehr ausbalancierte
Oder war es der Wind? Man weiß es nicht.
Plötzlich verlor sie das Gleichgewicht.

Doch welch ein Wunder!
Sie segelte mit der leeren Zellophantüte
Wie an einem Fallschirm hinunter.

Die Vögel wichen ihr aus im Flug
Und hielten die Haselmaus nicht für klug.

Aber sie landete weich auf dem Boden
Und verstauchte sich überhaupt nicht die Pfoten.

Da sagte ein Haselmauskind
Du meine Güte, gib mir mal die Tüte
Und machte sich Flügel daraus.

So entstand die Fledermaus.

CHRISTINE NÖSTLINGER

Mein Vater

Cola schmeckt wie Wanzengift,
sagt mein Vater
immer nach dem ersten Bier.
Cola ist ein ausländischer Dreck,
sagt mein Vater
immer nach dem zweiten Bier.
Cola frißt den Magen auf,
sagt mein Vater
immer nach dem dritten Bier.
Cola zersetzt das Hirn,
sagt mein Vater
immer nach dem vierten Bier.
Nach dem fünften Bier
sagt er nichts mehr.

Ich schiele

Ich schiele.
Das macht den anderen Spaß.
Manchmal
klebt mir der Arzt ein Heftpflaster
über das linke Brillenglas.
Das mögen die Kinder in meiner Klasse
besonders gern.
Dann lachen sie besonders laut.
Und am lautesten lacht der Karli.
Der lacht dann so viel und so laut,
daß die anderen gar nicht merken,
daß er noch viel mehr schielt als
ich.

KARLHANS FRANK

Das Haus des Schreibers

```
Rau      A
   c   HAU
    h  SHAUS
   H   USHAUSH
   HAUS    SHA
   HAUS    SHAU
   SHAUSHAUSHAUS
   USHAUSHAUSHAUSH
  AUS     SHAUS    SHA
 HAUS     SHAUS    SHAU
 HAUSHAUSHAUSHAUSHAU
 HAUSHAUSHAUSHAUSHAU
 H    HAUS    SHAU    U
 H    HAUS    SHAU    U
 HAUSHAUSHAUSHAUSHAU
 HAUSHAUSHAUSHAUSHAU
 H    HAUS    SHAU    U
 H    HAUS    SHAU    U
 HAUSHAUSHAUSHAUSHAU
 HAUSHAUSHAUSHAUSHAU
 H   SHAUSHAUSHAUS    U
 H   SHAUS    SHAUS   U
 HAUSHAUS    SHAUSHAU
 HAUSHAUS    SHAUSHAU
          W
           E
            G
             WEGWEG
```

Eine berühmte Prinzessin

Dornröschen war ein schönes Kind,
so schön, wie alle Kinder sind.

Dornröschen schlief recht lange Zeit,
dann hat ein Prinz um sie gefreit.

Was weiter wurde aus der Frau,
weiß niemand mehr so ganz genau.

Krimi

Es lebte einst in Heidelberg
ein netter, kleiner Heidelzwerg;
der kam in dringenden Verdacht,
er habe heimlich und bei Nacht
den Bürgermeister ausgelacht.
Der Heidelzwerg zog schließlich fort,
lebt jetzt an einem andern Ort.
Zur Zeit wohnt er in Hamburg,
und dort nennt er sich Hamzwurg.

Maikäfer

Maikäfer, Du,
Maikäfer, flieg!
Wir wollen keinen Krieg.
Wir wollen kein Schlaraffenland,
Schlaraffenland ist abgebrannt.
Wir wollen Meere, Muscheln, Strand,
wir wollen Wiesen, Flüsse, Sand,
wir fordern Felder, Wälder, Blumen,
wir wünschen Brot und Kuchenkrumen,
wir mögen Milch und Apfelsinen,
wir wollen richt'ge Honigbienen,
wir heischen Schneck und Schnak und Wurm,
wir fürchten weder Wind noch Sturm,
wir möchten echte Vögel hören
und wollen keinen Hasen stören,
wir werden nicht die Welt verschandeln,
wir wollen träumen, denken, handeln,

wir wollen gern im Regen stehn
und wollen Dich gern wiedersehn,
Maikäfer, Dich.
Maikäfer, flieg!
Wir wünschen Dir
und uns den Sieg.

ROBERT GERNHARDT

Wenn die weißen Riesenhasen
abends übern Rasen rasen
und die goldnen Flügelkröten
still in ihren Beeten beten,
wenn die schwarzen Buddelraben
tief in ihrem Graben graben
und die feisten Felsenquallen
kichernd in die Fallen fallen –:
dann schreibt man, wie jedes Jahr,
den hundertzwölften Januar.

Was? Ihr kennt ihn nicht, den Tag?
Schaut mal im Kalender nach!

Wie kann man übers Wasser laufen,
ohne sofort abzusaufen?
So:

Nimm Primelfett und Puddingkraut,
zwei Kilo feinste Fliegenhaut,

drei Liter Gold und Himbeertran,
ein Walfischhaar und einen Zahn
von einer Hummel und tu das
zusammen in ein Silberglas.
Das Ganze laß nun fünf, sechs Wochen
auf kleingestellter Flamme kochen,
wobei man ständig schreien muß.
Sodann gieß alles in den Fluß,
den Bach, den Tümpel oder Teich,
auf dem du gehn willst, und sogleich
trägt dich das Wasser wie ein Brett.
So weit, so gut. Ach ja, ich hätt'
fast ganz vergessen, zu betonen,
daß all die Mühen sich kaum lohnen,
wenn man zum Beispiel schwimmen kann.
Du kannst nicht schwimmen? Dann mal ran!

Heut singt der Salamanderchor
die allerschönsten Lieder.
Doch da er gar nicht singen kann,
hallt es entsetzlich wider.

Rings um das Haus ist's warm und still,
drin schrein die Salamander.
Sie brüllen, lärmen, plärrn, krakeeln
und alle durcheinander.

Die Katze schaut ins Zimmer rein,
da wird's auf einmal leiser.
»Ich bitt' euch«, sagt sie, »schreit nicht so!
Ihr seid ja schon ganz heiser!«

Die Katze geht. Es ist sehr still.
Man hört die Hummeln brummen.
Ein Kuckuck ruft. Fern bellt ein Hund.
Doch dann ertönt ein Summen.

Ein Summen erst, und dann ein Schrein –
das sind die Salamander.
Schon sind sie wieder voll in Fahrt
und brüllen durcheinander:

»Hier singt der Salamanderchor
die allerschönsten Lieder.
Auch wenn es manchem gar nicht paßt:
Wir singen immer wieder!«

HELMUT GLATZ

Weil ich bin

Ich atme ein, ich atme aus,
die Luft geht rein, die Luft geht raus.

Ich gehe vorwärts, Schritt für Schritt,
ein Fuß geht mit dem andern mit.

Ich denke leise, so für mich:
Weil ich ich bin, bin ich ich.

MARIANNE KREFT

Anja

Anja, sieben Jahre alt,
geht in die erste Klasse.
Peter sagt: Anja ist eine blöde Kuh.
Ute sagt: Anja ist gemein.
Theodor sagt: Anja hat vorne keine Zähne.
Sylvia sagt: Anja ist meine beste Freundin.
Eva sagt: Anja ist lieb.
Jutta sagt: Anja fängt immer Streit an.
Wie ist Anja in Wirklichkeit?

BERND JENTZSCH

Februar 1945

Da hatte ich Scharlach
für fünf, sechs Wochen.
Der Mutter fehlte Mehl
zum Suppekochen.

Sie hat die Kohlen
fast hundertmal gezählt.
Ob sie glaubte,
daß ihr eine fehlt?

Sie hat das bißchen Suppe
auf einen Teller gekippt.
Ich bat sie mitzuessen.
Sie hat nur dran genippt.

SUSANNE KILIAN

Kindsein ist süß?

Tu dies! Tu das!
Und dieses laß!
Beeil dich doch!
Heb die Füße hoch!
Sitz nicht so krumm!
Mein Gott, bist du dumm!
Stopf's nicht in dich rein!
Laß das Singen sein!
Du kannst dich nur mopsen!
Hör auf zu hopsen!
Du machst mich verrückt!
Nie wird sich gebückt!
Schon wieder 'ne Vier!
Hol doch endlich Bier!
Sau dich nicht so ein!
Das schaffst du allein!
Mach dich nicht so breit!
Hab jetzt keine Zeit!
Laß das Geklecker!
Fall mir nicht auf den Wecker!

Mach die Tür leise zu!
Laß mich in Ruh!

Kindsein ist süß?
Kindsein ist mies!

Irgendwann fängt etwas an

Etwas endet und etwas fängt an.
Jetzt war vorhin irgendwann.
Gestern ist heute lange vorbei,
und morgen ist morgen heute.
Der nächste Augenblick ist weit ...
Schwimm wie ein Schiff auf der Zeit!

UWE TIMM

Mitten im kalten Winter

wenn die langen Samstage kommen
wenn alle Wirtschaftszweige aufblühen
wenn die Arbeitsämter Weihnachtsmänner vermitteln
wenn allen Präsidenten der Friede am Herzen liegt
wenn zur inneren Einkehr durch Lautsprecher
                            aufgerufen wird
wenn der Stern von Bethlehem über den Geschäften
                            leuchtet
dann endlich
steht das Christkind vor der Tür

FRANZ HOHLER

Der Pfingstspatz

Viel weniger bekannt als der Osterhase
ist der Pfingstspatz. Er legt allen
Leuten am Pfingstsonntag ein
Grashälmchen auf den Fenstersims,
eines von der Art, wie er es
sonst zum Nestbau braucht. Das merkt
aber nie jemand, höchstens ab und zu
eine Hausfrau, die es sofort wegwischt.
Der Pfingstspatz ärgert sich jedes Jahr
grün und blau über seine Erfolglosigkeit
und ist sehr neidisch auf den Osterhasen,
aber ich muß ehrlich sagen,
das mit den Eiern finde ich auch
die bessere Idee.

KLAUS KORDON

Wunsch

Eines Tages
werden andere
in unseren Häusern
leben:
Wenn wir gastlich sind,
werden wir
Häuser bauen,
in denen sie
leben können.

FRANTZ WITTKAMP

Vielleicht

Vielleicht hast du morgen ein Königreich,
vielleicht und vielleicht auch nicht.
Und wenn du es nicht hast, weine nicht gleich,
du hast ja dieses Gedicht.

Als die Prinzessin den Ring verlor,
las ihr der Prinz das Märchenbuch vor,
und auf der vorletzten Seite stand,
wie die Prinzessin ihn wiederfand.

Da oben auf dem Berge

Da oben auf dem Berge,
da steht eine Kuh,
die singt gern im Dunkeln,
und der Mond hört ihr zu.

Da oben auf dem Berge,
steht einer und weint,
der ist ganz alleine
und hat keinen Freund.

Da oben auf dem Berge
steht einer, der schreit
und möchte nach Hause.
Der tut mir so leid.

Da oben auf dem Berge,
da stehn zwei Paar Schuh,
das eine nehm ich,
und das andre kriegst du.

Da oben auf dem Berge
steht einer und singt,
aber Gott sei Dank leise,
weil es nicht so schön klingt.

Der Wald ist endlos. Ein Käuzchen lacht.
Überall lauert der schwarze Mann.
Gott sei Dank ist stockfinstere Nacht,
so daß er mich gar nicht sehen kann.

Gestern hab ich mir vorgestellt,
ich wär der einzige Mensch auf der Welt.
Ganz einsam war ich und weinte schon,
da klingelte leider das Telefon.

Nichts gelesen, nichts geschrieben,
alt geworden, dumm geblieben.
Ist mir aber auch egal,
klappt vielleicht das nächste Mal.

Übermorgen bin ich verreist.
Morgen geht's nicht, wie du ja weißt.
Heute kann ich nicht, tut mir sehr leid.
Gestern allerdings hatte ich Zeit.

Verlegen blickte der Bär mich an,
und schließlich brummte er mir ins Ohr:
»Du weißt doch, daß ich nicht lesen kann,
liest du mir eine Geschichte vor?«

Wenn der Bär nach Hause kommt,
dann freun sich alle sehr,
denn meistens bringt er Honig mit
und manchmal auch noch mehr.

Wenn der Bär sich ausruhn will,
dann legt er sich aufs Ohr.

Die Bärin holt sein Lieblingsbuch
und liest ihm daraus vor.

Wenn der Bär Bekannte trifft,
dann grüßt er mit dem Hut.
Die Leute fragen: »Na, wie geht's?«
Und er sagt: »Danke, gut.«

Wenn der Bär erzählen soll,
erzählt er tolle Sachen.
Manchmal etwas Trauriges
und manchmal was zum Lachen.

Wenn der Bär zum Schwimmen geht,
dann geht die Bärin mit.
Wenn einer zu Besuch da ist,
dann gehen sie zu dritt.

Wenn der Bär verreisen will,
dann packt er seine Taschen:
frische Wäsche, Proviant
und allerlei zum Naschen.

Wenn er nichts zu fressen hat,
dann sucht der Bär sich Futter.
Und wenn er selbst nichts finden kann,
dann fragt er seine Mutter.

Manchmal ist der Bär allein,
dann kommt er mich besuchen.
Wir trinken ein Glas Gänsewein
und essen Marmorkuchen.

Wenn der Bär spazieren geht,
dann singt er Wanderlieder.
Schade ist, er kennt nur eins,
das singt er immer wieder.

Morgen wird das Wetter gut,
dann sitzt der Bär im Garten.
Er spielt mit Freunden ›Fang den Hut‹
und Domino und Karten.

Wie gut, daß ein Hase nicht lesen kann,
dachte der Hase und rieb sich die Pfoten.
Er holte tief Luft und öffnete dann
die Tür mit der Aufschrift *Zutritt verboten*.

HARALD BRAEM

Ich schenke dir diesen Baum

Ich schenke dir diesen Baum.
Aber nur,
wenn du ihn wachsen läßt,
da wo er steht;
denn Bäume sind keine Ware,
die man einfach mitnehmen kann.
Sie keimen und wurzeln
in unserer alten Erde,
werden hoch wie ein Haus
und vielleicht sogar älter als du.
Ich schenke dir diesen Baum,
das Grün seiner Blätter,
den Wind in den Zweigen,
die Stimmen der Vögel dazu
und den Schatten,
den er im Sommer gibt.
Ich schenke dir diesen Baum,
nimm ihn wie einen Freund,
besuche ihn oft,
aber versuche nicht, ihn zu ändern.
So wirst du sehen,
daß du viel von ihm lernen kannst.
Eines Tages sogar
seine Weisheit und Ruhe.
Auch wir sind nämlich Bäume,
die in Bewegung geraten sind.

ANDRÉ HELLER

damals

damals, damals, sagen die leute,
damals, damals, war's besser als heute.
und die sterne waren noch sterne,
und der winter trug sich noch weiß.

damals, damals, sagen die leute,
damals, damals, war's besser als heute.
ein ringelspiel war noch ein ringelspiel,
die zwerge waren klein und die riesen noch groß.

damals, damals, sagen die leute,
doch ich wünsche mir nur das heute.

MICHAEL KUMPE

Schneewittchen

Ein Mädel, das Schneewittchen war,
das hat von Mai bis Januar
für sieben Tröpfe
gescheuert Töpfe,
gerieben Zwiebeln,
gelesen Bibeln,
gekocht die Schwarten,
gepflegt den Garten,

gewickelt Kinder,
gemolken Rinder,
geschrubbt die Schränke,
geholt Getränke.
Dann hats (die Zwerge warn empört)
gestreikt (mit Arbeit aufgehört),
weil es gemerkt hat: Solche Sachen
sind leicht von Zwergen selbst zu machen.
Die Zwerge wollten sie draufhin
mit Hilf' der bösen Königin
durch Gift ums Leben bringen –
das sollte nicht gelingen:
Der junge Prinz nahm sie ins Haus
und sagte: »Hier kennst du dich aus.
Wasch Wäsche und koch Suppen
und spiele lieb mit Puppen!«
Sie sprach: »Das ist mir über.
Ich gehe jetzt, mein Lieber.
Vor Prinzen und vor Zwergen
will ich mich nun verbergen.
Es gibt auch beßre Leute!«

Vielleicht gibt es die heute?

PETER MAIWALD

Was ein Kind braucht

Wenn ein Kind geboren ist,
braucht es eine Wohnung,
Kleider, eine Spielzeugkist,
Bonbons als Belohnung,
Murmeln und ein eigenes Bett,
einen Kindergarten,
Bücher und ein Schaukelbrett,
Tiere aller Arten,
Wälder, Wiesen, eine Stadt,
Sommer, Regen, Winter,
Flieger, Schiffe und ein Rad,
viele andre Kinder,
einen Mann, der Arbeit hat,
eine kluge Mutter,
Länder, wo es Frieden hat
und auch Brot und Butter.
Wenn ein Kind nichts davon hat
kann's nicht menschlich werden.
Daß ein Kind das alles hat,
sind wir auf der Erden.

ALFONS SCHWEIGGERT

Was braucht ein Soldat im Krieg?

Er braucht einen Säbel
zum Leutezerhauen
und hernach Holzbretter
zum Särgebauen.

Zum Leutezerfetzen
muß Granaten er haben,
und hernach eine Schaufel
zum Gräbergraben.

Er braucht Giftgase
zum Leuteersticken
und hernach bunte Blumen
zum Gräberschmücken.

Er braucht ein Gewehr
zum Leutetotschießen,
und hernach eine Gießkann'
zum Grabblumengießen.

Er braucht einen Panzer
zum Leuteerdrücken
und hernach oft für sich
ein Paar hölzerne Krücken.

Er braucht viele Bomben
zum Leuteermorden,
und als Belohnung
blecherne Orden.

Das braucht ein Soldat im Krieg!

HANS GEORG BULLA

Mein weißer Wal am blauen Himmel

Wenn das heiße Mittagslicht schon fast verflogen
ist, am Nachmittag, nach dem Kaffeetrinken, dann
taucht er auf, da rechts oben, der weiße Wal.

Und kurz drauf zieht er los, kreuz und quer über unsren
Himmel, doch nur, wenn der ganz blau ist, keine Wolke
                                                        weit
und breit zu sehen ist. Da schwimmt er dann, der weiße
                                                     Wal.

Eben hab ich ihn gesehen, grad wie eine Kerze
stieg sein Atem hoch nach oben, ein Silberstrahl.
Mein Gott, ein Riesenfisch.

Halt, du hast recht. Ein Wal ist doch kein Hering,
ist doch kein Fisch, ich bitte um Entschuldigung.

Aber was macht das schon, ob Fisch, ob Fleisch. Denn
schon wieder ist er da, der weiße Wal, da schwimmt
er mir ins Auge.

Was, du siehst ihn nicht, deine Brille abnehmen mußt
du nur, etwas zukneifen die Augen und einen Schritt
zur Seite gehn.

Oder komm, steig auf, auf meinen Rücken, ich weiß
was Besseres. Hinterdrein schwimmen wir beide ihm,
                                                    ganz
einfach, das Wasser ist so warm, der Himmel ist so blau.

JOSEF WITTMANN

dornresal

schlaf zua:

i bin koa brinz,
i hob koa schweat
& hob koa zeid
zum heggnschneidn
mauergraxln
busslgeem
& heiradn ...

i muas moang fruah
in d arwad geh
(sunsd fliage naus)

i muas zum dramma
aufn sonndog wartn
& zum denga aufn
   urlaub.

schlaf zua
& draam de näxdn
   hundad johr
vom richdign.

Dornröschen

Schlaf weiter:

Ich bin kein Prinz,
ich hab kein Schwert
& keine Zeit
zum Heckenschneiden
Mauerkraxeln
Küßchengeben
& Heiraten ...

Ich muß morgen früh
zur Arbeit gehen
(sonst flieg ich raus)

Ich muß zum Träumen
auf den Sonntag warten
& zum Denken auf den
   Urlaub

Schlaf weiter
& träum die nächsten
   100 Jahre
vom Richtigen.

MARTIN AUER

Tischrede

Hast du schon einmal über einen TISCH nachgedacht?
Zum Beispiel, was den TISCH denn zum TISCH gerade
                            macht?
Was macht ihn so TISCHIG, so TISCHARTIG,
                          TISCHHAFT?
Eine geheimnisvolle TISCHKRAFT?
Und TISCHT ein TISCH eigentlich, oder wird er
                            GETISCHT?
Und VERTISCHT er, wenn seine TISCHHEIT erlischt?
Und machst du so weiter mit TISCH, bis du döst,
hat plötzlich TISCH von dem Ding sich gelöst.
Und du fragst dich: »Wieso denn eigentlich TISCH?«
Und TISCH klingt so fremd, TISCH klingt so frisch.
Und du bist ganz erstaunt, weil du ganz sicher weißt,
daß TISCH eigentlich überhaupt nichts »heißt«.
Dafür steht in deinem Zimmer ganz dumm
ein gänzlich Namenloses herum.
So fremd und unheimlich unbekannt,
ganz stumm, unbegreifbar und unbenannt,
fast unsichtbar, gar nicht richtig da ...

Und dann, dann sagst du auf einmal: »Aha,
das ist ja der TISCH!« Und es schnappt wieder ein.
»Der Tisch, na klar, was sonst soll es sein?«

Über die Erde

Über die Erde
sollst du barfuß gehen.
Zieh die Schuhe aus,
Schuhe machen dich blind.
Du kannst doch den Weg
mit deinen Zehen sehen.
Auch das Wasser
und den Wind.

Sollst mit deinen Sohlen
die Steine berühren,
mit ganz nackter Haut.
Dann wirst du bald spüren,
daß dir die Erde vertraut.

Spür das nasse Gras
unter deinen Füßen
und den trockenen Staub.
Laß dir vom Moos
die Sohlen streicheln und küssen
und fühl
das Knistern im Laub.

Steig hinein,
steig hinein in den Bach
und lauf aufwärts
dem Wasser entgegen.
Halt dein Gesicht
unter den Wasserfall.
Und dann sollst du dich
in die Sonne legen.

Leg deine Wange an die Erde,
riech ihren Duft und spür,
wie aufsteigt aus ihr
eine ganz große Ruh'.
Und dann ist die Erde
ganz nah bei dir,
und du weißt:
Du bist ein Teil von Allem
und gehörst dazu.

Über die Erden

Über die Erden muaßt barfuß gehn.
Ziag d' Schuach aus, die machen di blind!
Dann kannst den Weg mit die Zechn sehn,
des Wasser, den Wind ...

Sollst mit di Sohln auf d' Staner steign,
mit der nackerten Haut.
Wird dir die Erden a bald zeign,
daß s' dir vertraut.

Gspür des nasse Gras auf die Füaß,
gspür, wie trocken is der Staub.
Gspür, wie dich streichelt das Moos so süaß,
gspür, wie's knistert im Laub.

In 'n Bach muaßt einesteign,
durchs Wasser muaßt auffegehn,
untern Wasserfall muaßt die stelln mit 'm Gsicht
                                in die Höh,
mit der Wangen auf d' Erd in die Sunn die legn.

245

Lieg ganz still, riach die Erden und gspür,
wie aufsteigt aus ihr a riesige Ruah.
Und dann is die Erden ganz nah bei dir
und du waßt, du ghörst zu allem dazua.

Zufall

Wenn statt mir jemand anderer
auf die Welt gekommen wär'.
Vielleicht meine Schwester
oder mein Bruder
oder irgendein fremdes blödes Luder –
wie wär' die Welt dann,
ohne mich?
Und wo wäre denn dann ich?
Und würd' mich irgendwer vermissen?
Es tät ja keiner von mir wissen.
Statt mir wäre hier ein ganz anderes Kind,
würde bei meinen Eltern leben
und hätte mein ganzes Spielzeug im Spind.
Ja, sie hätten ihm sogar
meinen Namen gegeben!

LUTZ RATHENOW

Ein Riese hatte Riesenhände

Ein Riese hatte Riesenhände,
'nen Riesenkopf mit Riesenmund.
Natürlich lauter Riesenfinger und Haare
wie ein Tuschkasten bunt.
Nur eines war nicht riesengroß:
die Nase, die war menschenklein.
Und juckte es in ihr, da paßten
die Riesenfinger nicht in sie hinein.
Das fand der Riese sehr gemein.

GEORG BYDLINSKI

Die Dinge reden

»Ich reime mich auf Zuckerbäcker«,
sagt der alte Rasselwecker.

»Ich reime mich auf Nasenflügel«,
sagt der linke Brillenbügel.

Es brummelt stolz die Tiefkühltruhe:
»Ich reime mich auf Stöckelschuhe.«

Und die Standuhr sagt:
»Merkt ihr es nicht?
Wir sind ein Gedicht!«

CLAUDIA LEHNA

Thomas überlegt

Thomas überlegt,
was er jetzt machen will.
Holt eine Münze.
Was soll das, fragt seine Mutter.
Wenn der Adler oben liegt,
gehe ich ins Kino,
wenn die Zahl oben ist,
gehe ich zum Schwimmen,
und wenn die Münze auf dem Rand stehen bleibt,
mache ich Hausaufgaben,
erklärt Thomas.

Anhang

Verzeichnis der Autoren, Gedichte und Quellen

Die Texte folgen den hier verzeichneten Druckvorlagen. Bei den älteren Gedichten wurde die Orthographie behutsam dem heutigen Gebrauch angeglichen, während die Interpunktion unverändert blieb. Apostrophe wurden nur gesetzt, wo sie für das Textverständnis hilfreich erschienen.

ANONYM

- (1) Das bucklige Männlein 19
- (2) *Auf einem Gummi-Gummi-Berg* 20
- (3) Die schöne, junge Lilofee 20
- (4) *Dunkel war's, der Mond schien helle* 21
- (5) *Es tanzt ein Bi-Ba-Butzemann* 22
- (6) *Himpelchen und Pimpelchen* 22
- (7) Laternenlied 23
- (8) *Morgens früh um sechs* 23
- (9) *Zu Regensburg auf der Kirchturmspitz* 24
- (10) *Des Abends, wenn ich früh aufsteh* 25
- (11) Eine Kuh, die saß im Schwalbennest 25

Des Knaben Wunderhorn. Alte deutsche Lieder. Gesammelt von Achim von Arnim und Clemens Brentano. Krit. Ausg. Hrsg. und komm. von Heinz Rölleke. Stuttgart: Reclam, 1987. (1)
Allerleirauh. Viele schöne Kinderreime. Hrsg. von Hans Magnus Enzensberger. Frankfurt a. M.: Suhrkamp, 1961. (2, 5, 8)
Der Zupfgeigenhansl. Hrsg. von Hans Breuer. Leipzig: Hofmeister, [4]1911. (3, 9)
Dunkel war's, der Mond schien helle. Eine Sammlung von herrenlosen Scherzdichtungen. Hrsg. von Horst Kunze. München: Heimeran, 1943. (4)
Gefunden. Gedichte für die Grundschule. Hrsg. von Mascha Kleinschmidt und Margarete Kolbe. Frankfurt a. M.: Diesterweg, 1985. (6, 7)
Das deutsche Kinderbuch. Alherkömmliche Reime, Lieder, Erzählungen, Übungen, Räthsel und Scherze für Kinder. Ges. von Karl Simrock. Frankfurt a. M.: Brönner, 1848. (10)
Klang, Reim, Rhythmus. Gedichte für die Grundschule. Hrsg. von

Fritz Bachmann, Herbert Chiout und Wilhelm Steffens. Frankfurt a. M.: Hirschgraben, 1972. (11) [Das Gedicht wird auch Falke zugeschrieben.]

HANS ARP (1887–1966)

Märchen 102

H. A.: Gesammelte Gedichte. Bd. 1. Gedichte 1903–1939. Hrsg. in Zsarb. mit dem Autor von Margarete Arp-Hagenbach und Peter Schifferli. Zürich: Arche, 1963. – © 1963 Verlags AG Die Arche, Zürich.

MARTIN AUER (geb. 1951)

(1) Tischrede 243
(2) Über die Erde 244
(3) Über die Erden 245
(4) Zufall 246

M. A.: Was niemand wissen kann. Seltsame Verse und sonderbare Geschichten. Ill. von Hansi Linthaler. Weinheim/Basel: Beltz, 1986. (1,4) – © 1986 Beltz Verlag, Weinheim und Basel. Programm Beltz & Gelberg, Weinheim.
Überall und neben dir. Gedichte für Kinder in 7 Abteilungen. Hrsg. von Hans Joachim Gelberg. Weinheim/Basel: Beltz, 1986. (2, 3) – © 1986 Beltz Verlag, Weinheim und Basel. Programm Beltz & Gelberg, Weinheim.

HANS BAUMANN (1914–1988)

(1) Kinderhände 117
(2) Lesestunde 117
(3) Der Spiegel 118

H. B.: Wer Flügel hat, kann fliegen. Hundert Gedichte für Kinder. Ill. von Wanda Zacharias. Reutlingen: Ensslin & Laiblin, 1966. (1, 2) – © Hans Baumann Erben, Murnau.
Die Stadt der Kinder. Hrsg. von Hans Joachim Gelberg. Ill. von Werner Blaebst. Recklinghausen: Bitter, 1969. (3) – © 1969 Georg Bitter Verlag GmbH & Co. KG, Recklinghausen.

RUDOLF BAUMBACH (1840–1905)

    Die Gäste der Buche 70

R. B.: Thüringer Lieder. Stuttgart/Berlin: Cotta, 1906.

JULIUS BECKE (geb. 1927)

    (1) Maria schickt den Michael auf den Schulweg 178
    (2) Naturlehre 179

Das achte Weltwunder. 5. Jahrbuch der Kinderliteratur. Hrsg. von Hans Joachim Gelberg. Weinheim/Basel: Beltz, 1979. (Programm Beltz & Gelberg, Weinheim.) (1, 2) – © Julius Becke, Bad Homburg.

RICHARD BLETSCHACHER (geb. 1936)

    (1) Kinderküche 211
    (2) Neues vom Rumpelstilzchen 212

Die Stadt der Kinder. Hrsg. von Hans Joachim Gelberg. Ill. von Werner Blaebst. Recklinghausen: Bitter, 1969. (1) – © 1969 Georg Bitter Verlag GmbH & Co. KG, Recklinghausen.
Geh und spiel mit dem Riesen. 1. Jahrbuch der Kinderliteratur. Hrsg. von Hans Joachim Gelberg. Weinheim/Basel: Beltz, 1971. (Programm Beltz & Gelberg, Weinheim.) (2) – © Richard Bletschacher, Wien.

VIKTOR BLÜTHGEN (1844–1920)

    (1) Ach, wer doch das könnte! 75
    (2) Die fünf Hühnerchen 76

V. B.: Im Kinderparadiese. Kinder-Lieder und Reime. Ill. von Oskar Pletsch. Gotha: Perthes, 1905. (1, 2)

ELISABETH BORCHERS (geb. 1926)

(1) Mai 164
(2) August 165
(3) September 165
(4) November 166

E. B.: Und oben schwimmt die Sonne davon. Ill. von Dietlind Blech. München: Ellermann, 1965. (1–4) – © 1965 Verlag Heinrich Ellermann, München.

HARALD BRAEM (geb. 1944)

Ich schenke dir diesen Baum 236

Augenaufmachen. 7. Jahrbuch der Kinderliteratur. Hrsg. von Hans Joachim Gelberg. Weinheim/Basel: Beltz, 1984. (Programm Beltz & Gelberg, Weinheim.) – © Harald Braem, Wiesbaden.

MICHAEL BRANDAU s. Michael Kumpe.

BERTOLT BRECHT (1898–1956)

(1) Was ein Kind gesagt bekommt 106
(2) Der Pflaumenbaum 106
(3) Liedchen aus alter Zeit 107
(4) Bitten der Kinder 107

B. B.: Gesammelte Werke in 20 Bänden. Bd. 9. Gedichte 2. Frankfurt a. M.: Suhrkamp, 1967. (1, 2)
B. B.: Gesammelte Werke in 20 Bänden. Bd. 10. Gedichte 3. Frankfurt a. M.: Suhrkamp, 1967. (3, 4)
© 1967 Suhrkamp Verlag, Frankfurt am Main.

IRMELA BRENDER (geb. 1935)

Ein Kind braucht seine Ruhe 210

Günther Stiller / I. B.: STREIT-Buch für Kinder. Meine Meinung – deine Meinung. Ill. von G. S. Weinheim/Basel: Beltz, 1973. – © 1973 Beltz Verlag, Weinheim und Basel. Programm Beltz & Gelberg, Weinheim.

CLEMENS BRENTANO (1778–1842)

    Wiegenlied 35

C. B.: Werke. Hrsg. von Friedhelm Kemp. Bd. 1. Gedichte. Romanzen vom Rosenkranz. Hrsg. von Wolfgang Frühwald, Bernhard Gajek und Friedhelm Kemp. München: Hanser, 1968.

GEORG BRITTING (1891–1964)

    Goldene Welt 103

Westermann Monatshefte. Jg. 1954. H. 9. Braunschweig: Westermann, 1954. – © Ingeborg Schuldt-Britting, Höhenmoos.

GOTTFRIED AUGUST BÜRGER (1747–1794)

    Die Schatzgräber 30

G. A. B.: Sämtliche Werke. Hrsg. von Günter und Hiltrud Häntzschel. München: Hanser, 1987.

HANS GEORG BULLA (geb. 1949)

    Mein weißer Wal am blauen Himmel 241

Das achte Weltwunder. 5. Jahrbuch der Kinderliteratur. Hrsg. von Hans Joachim Gelberg. Weinheim/Basel: Beltz, 1979. (Programm Beltz & Gelberg, Weinheim.) – © Hans Georg Bulla, Wedemark.

WILHELM BUSCH (1832–1908)

    (1) *Ein dicker Sack* 64
    (2) Fink und Frosch 65

W. B.: Gedichte. Hrsg. von Friedrich Bohne. Zürich: Diogenes, 1974.

CHRISTINE BUSTA (geb. 1915)

(1) Wo holt sich die Erde die himmlischen Kleider? 119
(2) *Wovon träumt der Astronaut auf der Erde?* 119
(3) Der Sommer 120
(4) Haferschluck, der fromme Löwe 120
(5) Weißt du, wie still der Fischer sitzt? 121
(6) Eine Gute-Nacht-Geschichte 121

Ch. B.: Die Sternenmühle. Ill. von Johannes Grüger. Salzburg: Müller, 1959. (1, 3, 4) – © 1959 Otto Müller Verlag, Salzburg.
Ch. B.: Die Zauberin Frau Zappelzeh. Gereimtes und Ungereimtes für Kinder und ihre Freunde. Ill. von Hilde Leiter. Salzburg: Müller, 1979. (2, 5, 6) – © 1979 Otto Müller Verlag, Salzburg.

GEORG BYDLINSKI (geb. 1956)

Die Dinge reden 247

Überall und neben dir. Gedichte für Kinder in 7 Abteilungen. Hrsg. von Hans Joachim Gelberg. Weinheim/Basel: Beltz, 1986. (Programm Beltz & Gelberg, Weinheim.) – © Georg Bydlinski, Südstadt.

LEWIS CARROLL (d. i. Charles Lutwidge Dodgson, 1832–1898)

Der Zipferlake 66

L. C.: Alice hinter den Spiegeln. Übers. von Christian Enzensberger. Frankfurt a. M.: Insel Verlag, 1974. – © 1974 Insel Verlag, Frankfurt am Main. – Die Illustration wurde entnommen aus: L. C.: Alice im Wunderland. Ill. von Frans Haacken. München: Deutscher Taschenbuch Verlag, 1973. – © Frans Haacken.

MATTHIAS CLAUDIUS (1740–1815)

(1) Fritze 26
(2) Abendlied 26
(3) Ein Lied, hinterm Ofen zu singen 28

M. C.: Sämtliche Werke. Textred. Jost Perfahl. Nachw. und Bibliogr. von Rolf Siebke. Anm. von Hansjörg Platschek. München: Winkler, 1968. (1–3)

PAULA DEHMEL (1862–1918)

(1) Seereise 80
(2) Die bösen Beinchen 81
(3) Mein Wagen 81
(4) Gutenachtliedchen 82
(5) Lied vom Monde 83
(6) Puppendoktor 84

P. D.: Rumpumpel. Ein Buch für junge Mütter und ihre Kleinsten mit Bildern von Karl Hofer. Köln: Schaffstein, 1903. – Neudr.: Berlin: Agora Verlag, 1978. (1, 2)
P. D.: Das liebe Nest. Gesammelte Kindergedichte. Hrsg. von Richard Dehmel. Ill. von Hans Thoma. Leipzig: Seemann, 1919. (3–6)

RICHARD DEHMEL (1863–1920)

(1) Frecher Bengel 84
(2) Die Schaukel 85

R. D.: Gesammelte Werke in 10 Bänden. Bd. 2: Aber die Liebe. Zwei Folgen Gedichte. Berlin: Fischer, 1907. (1)
R. D.: Gesammelte Werke in 10 Bänden. Bd. 6: Der Kindergarten. Berlin: Fischer, 1908. (2)
© Tim Tügel, Hamburg.

RICHARD und PAULA DEHMEL

Wie Fitzebutze seinen alten Hut verliert 86

P. u. R. D.: Fitzebutze. Allerhand Schnickschnack für Kinder. Ill. von Ernst Kreidolf. Leipzig: Insel Verlag, 1900. – Neudr. Frankfurt a. M.: Insel Verlag, 1976. – © Tim Tügel, Hamburg.

GEORG CHRISTIAN DIEFFENBACH (1822–1901)

(1) Dorfmusik 62
(2) Waldkonzert 63

G. Ch. D.: Sechzig Kinderlieder. Ill. von Fr. Wanderer. Wiesbaden: Kunze's Nachf., 1903. (1, 2)

MICHAEL ENDE (geb. 1929)

  (1) Ein Schnurps grübelt 190
  (2) Ein sehr kurzes Märchen 191
  (3) Die Ausnahme 191

M. E.: Das Schnurpsenbuch. Ill. von Rolf Rettich. 3., veränd. und erw. Aufl. Stuttgart: Thienemann, 1979. (1) – © 1979 K. Thienemann Verlag, Stuttgart.
Am Montag fängt die Woche an. 2. Jahrbuch der Kinderliteratur. Hrsg. von Hans Joachim Gelberg. Weinheim/Basel: Beltz, 1973. (Programm Beltz & Gelberg, Weinheim.) (2, 3) – © Michael Ende.

FRED ENDRIKAT (1890–1942)

  Die Wühlmaus 102

F. E.: Das große Endrikat-Buch. München: Blanvalet, 1976. – © 1976 Blanvalet Verlag GmbH, München.

GUSTAV FALKE (1853–1916)

  (1) Ausfahrt 76
  (2) Närrische Träume 77

So viele Tage wie das Jahr hat. 365 Gedichte für Kinder und Kenner. Ges. und hrsg. von James Krüss. Gütersloh: Bertelsmann, 1959. (1)
G. F.: Gesammelte Dichtungen. 5 Bde. Bd. 3: Der Frühlingsreiter. Hamburg/Berlin: Janssen, 1912. (2)

VERA FERRA-MIKURA (geb. 1923)

  Vieles ist aus Holz gemacht 158

V. F.-M.: Lustig singt die Regentonne. Fröhliche, phantasievolle Kindergedichte. Ill. von Romulus Candea. Wien: Jungbrunnen-Verlag, 1964. – © 1964 Verlag Jungbrunnen, Wien.

THEODOR FONTANE (1819–1899)

    Herr von Ribbeck auf Ribbeck im Havelland 59

Th. F.: Sämtliche Werke. [Hrsg. von Edgar Groß, Kurt Schreinert, Rainer Bachmann, Charlotte Jolles, Jutta Neuendorff-Fürstenau.] Bd. 20. Balladen und Gedichte. Hrsg. von E. Groß und K. Schreinert. München: Nymphenburger, 1962.

KARLHANS FRANK (geb. 1937)

    (1) Das Haus des Schreibers 220
    (2) Eine berühmte Prinzessin 221
    (3) Krimi 222
    (4) Maikäfer 222

Die Stadt der Kinder. Hrsg. von Hans Joachim Gelberg. Ill. von Werner Blaebst. Recklinghausen: Bitter, 1969. (1) – © 1969 Georg Bitter Verlag GmbH & Co. KG, Recklinghausen.
K. F., Paul Maar: Vom Dach die Schornsteinfeger grüßen mit Taucherflossen an den Füßen. Ill. von P. M. München: Schneider, 1987. (2–4) – © für die Texte Karlhans Frank, Vellmar. – © für die Illustration Paul Maar, Bamberg.

ALWIN FREUDENBERG (1873–1930)

    Vom Riesen Timpetu 92

A. F.: Kreuz und quer durchs Kinderland. Gedichte für die Jugend und ihre Freunde. Ill. von Johannes Gehrts. Dresden: Köhler, [1921].

ERICH FRIED (1921–1988)

    Humorlos 131

E. F.: Anfechtungen. 50 Gedichte. Berlin: Wagenbach, 1967. – © 1967 Verlag Klaus Wagenbach, Berlin.

ROSWITHA FRÖHLICH (geb. 1924)

(1) *Lottchen, Lottchen* 159
(2) *Meine Tante Ernestine* 159

R. F.: Na hör mal. Ill. von Marie Marcks. Ravensburg: Maier, 1980.
(1, 2) – © Roswitha Fröhlich, Mannheim.

GÜNTER BRUNO FUCHS (1928–1977)

Für ein Kind 180

G. B. F.: Nach der Haussuchung. Gedichte mit 5 Abbildungen nach den Holzschnitten des Autors. Düsseldorf: Eremiten-Presse, 1978. – © 1978 Verlag Eremiten-Presse, Düsseldorf.

FRANZ FÜHMANN (1922–1984)

(1) Des Teufels ruß'ger Gesell 137
(2) Lob des Ungehorsams 139

F. F.: Gedichte und Nachdichtungen. Rostock: Hinstorff, 1978.
(1, 2) – © 1978 VEB Hinstorff Verlag, Rostock.

ROBERT GERNHARDT (geb. 1937)

(1) *Wenn die weißen Riesenhasen* 223
(2) *Wie kann man übers Wasser laufen* 223
(3) *Heut singt der Salamanderchor* 224

Almut Gernhardt / R. G.: Ich höre was, was du nicht siehst. Frankfurt a. M.: Insel Verlag, 1975. (1, 2) – © 1975 Insel Verlag, Frankfurt am Main.
Almut Gernhardt / R. G.: Mit dir sind wir vier. Frankfurt a. M.: Insel Verlag, 1976. (3) – © 1976 Insel Verlag, Frankfurt am Main.

HELMUT GLATZ (geb. 1939)

Weil ich bin 225

Der fliegende Robert. 4. Jahrbuch der Kinderliteratur. Hrsg. von Hans Joachim Gelberg. Weinheim/Basel: Beltz, 1977. (Programm Beltz & Gelberg, Weinheim.) – © Helmut Glatz, Landsberg.

JOHANN WOLFGANG GOETHE (1749–1832)

(1) Gefunden 31
(2) Die Frösche 32

J. W. G.: Werke. Hamburger Ausgabe in 14 Bänden. Bd. 1: Gedichte und Epen I. Textkrit. durchges. und komm. von Erich Trunz. 12., neubearb. Aufl. München: Beck, 1981. (1, 2)

FRIEDRICH GÜLL (1812–1879)

(1) Kletterbüblein 57
(2) Vom Büblein auf dem Eis 57

F. G.: Kinderheimat in Liedern und Bildern. Ill. von Franz Graf Pocci. Stuttgart: Liesching, ²1846. – Neudr. Frankfurt a. M.: Insel Verlag, 1975. (1, 2)

JOSEF GUGGENMOS (geb. 1922)

(1) Auf dieser Erde 140
(2) *Ich weiß einen Stern* 140
(3) Das Gewitter 141
(4) So geht es in Grönland 142
(5) *Ein Elefant marschiert durchs Land* 143
(6) Die Tulpe 143
(7) Verkündigung 144
(8) Kater, Maus und Fußballspiel 145
(9) Geschichte vom Wind 146
(10) Das Fischlein im Weiher 148
(11) Wenn ein Auto kommt 149
(12) Robo 149
(13) Ungenügend 151
(14) Auf dem Markt in Bengalen 151
(15) Begegnung 151
(16) Verlassenes Haus 152

Überall und neben dir. Gedichte für Kinder in 7 Abteilungen. Hrsg. von Hans Joachim Gelberg. Weinheim/Basel: Beltz, 1986. (Programm Beltz & Gelberg, Weinheim.) (1, 16) – © Josef Guggenmos, Irsee.
J. G.: Immerwährender Kinderkalender. Gedichte und Geschichten

für Kinder. Ill. von Romulus Candea. Wien: Österreichischer Bundesverlag, 1958. (2–5) – © Josef Guggenmos, Irsee.
J. G.: Was denkt die Maus am Donnerstag? 123 Gedichte für Kinder mit 56 Grafiken von Günther Stiller. Recklinghausen: Bitter, 1968. (6, 8–11) – © für Texte und Illustrationen 1968 Georg Bitter Verlag GmbH & Co. KG, Recklinghausen.
J. G.: Das kunterbunte Kinderbuch. Gedichte und Geschichten für Kinder. Ill. von Helma Baison. Freiburg: Herder, 1962. (7) – © Josef Guggenmos, Irsee.
J. G.: Ein Elefant marschiert durchs Land. Geschichten und Gedichte für Kinder. Ill. von Eva Maria Rubin. Recklinghausen: Bitter, 1968. (12) – © 1968 Georg Bitter Verlag GmbH & Co. KG, Recklinghausen.
Die Stadt der Kinder. Hrsg. von Hans Joachim Gelberg. Ill. von Werner Blaebst. Recklinghausen: Bitter, 1969. (13, 14) – © 1969 Georg Bitter Verlag GmbH & Co. KG, Recklinghausen.
Das achte Weltwunder. 5. Jahrbuch der Kinderliteratur. Hrsg. von Hans Joachim Gelberg. Weinheim/Basel: Beltz, 1979. (15) – © Josef Guggenmos, Irsee.

PETER HACKS (geb. 1928)

(1) Ballade vom schweren Leben des Ritters Kauz vom Rabensee 180
(2) Ladislaus und Komkarlinchen 183
(3) Der Walfisch 184
(4) Der Winter 185

P. H.: Das Windloch. Geschichten von Henriette und Onkel Titus. Ill. von Paul Flora. Gütersloh: Bertelsmann, 1956. (1) – © 1956 C. Bertelsmann Verlag GmbH, München. – Die Illustration wurde entnommen aus: P. H.: Der Flohmarkt. Ill. von Werner Maurer. Köln: Benziger, 1973. – © Werner Maurer, Neuenegg.
P. H.: Der Flohmarkt. Gedichte für Kinder. Ill. von Heidrun Hegewald. Berlin [Ost]: Der Kinderbuchverlag, 1976. (2–4) – © 1976 Der Kinderbuchverlag, Berlin, Deutsche Demokratische Republik.

PETER HÄRTLING (geb. 1933)

    zum auszählen 185

P. H.: Spielgeist – Spiegelgeist. Gedichte. Stuttgart: Goverts, 1962. – © 1962 Goverts Verlag, Stuttgart.

HANS ADOLF HALBEY (geb. 1922)

    (1) Traktor-Geknatter 153
    (2) Pampelmusensalat 153
    (3) Trotzdem 154
    (4) Schimpfonade 155
    (5) Kleine Turnübung 155

H. A. H.: Pampelmusensalat. 13 Verse für Kinder. Ill. von Günther Stiller. Weinheim/Basel: Beltz, 1965. (Programm Beltz & Gelberg, Weinheim.) (1, 2)
Geh und spiel mit dem Riesen. 1. Jahrbuch der Kinderliteratur. Hrsg. von Hans Joachim Gelberg. Weinheim/Basel: Beltz, 1971. (Programm Beltz & Gelberg, Weinheim.) (3)
Am Montag fängt die Woche an. 2. Jahrbuch der Kinderliteratur. Hrsg. von Hans Joachim Gelberg. Weinheim/Basel: Beltz, 1973. (Programm Beltz & Gelberg, Weinheim.) (4, 5) © Hans A. Halbey, Hahnheim.

WERNER HALLE (geb. 1921)

    AEIOU 156

W. H. / Janosch / Klaus Schüttler-Janikulla: Bilder und Gedichte für Kinder. Braunschweig: Westermann, 1971. – © 1971 Georg Westermann Verlag GmbH, Braunschweig.

FRIEDRICH HALM (d. i. Eligius Franz, 1806–1871)

    Regenwetter 56

Lesebuch 2. Berlin [Ost]: Verlag Volk und Wissen, 1969.

HANNA HANISCH (geb. 1920)

  (1) Vom braven Oliver 127
  (2) An einem Tag. 128

Die Stadt der Kinder. Hrsg. von Hans Joachim Gelberg. Ill. von Werner Blaebst. Recklinghausen: Bitter, 1969. (1) – © 1969 Georg Bitter Verlag GmbH & Co. KG, Recklinghausen.
Geh und spiel mit dem Riesen. 1. Jahrbuch der Kinderliteratur. Hrsg. von Hans Joachim Gelberg. Weinheim/Basel: Beltz, 1971. (Programm Beltz & Gelberg, Weinheim.) (2) – © Hanna Hanisch, Goslar.

HEINRICH HEINE (1797–1856)

  Die Heil'gen Drei Könige aus Morgenland 38

H. H.: Werke und Briefe. Hrsg. von Hans Kaufmann. Bd. 1. Textrev. und Erl. von Gotthard Erler. Berlin/Weimar: Aufbau-Verlag, 1961.

ANDRÉ HELLER (geb. 1946)

  damals 237

A. H.: sie nennen mich den messerwerfer. Frankfurt a. M.: Fischer, 1974. – © 1974 Fischer Taschenbuch Verlag GmbH, Frankfurt am Main.

FRIEDRICH HOFFMANN (1914–1974)

  Spatzensalat 118

Geh und spiel mit dem Riesen. 1. Jahrbuch der Kinderliteratur. Hrsg. von Hans Joachim Gelberg. Weinheim/Basel: Beltz, 1971. (Programm Beltz & Gelberg, Weinheim.) – © Lotte Hoffmann, Korntal.

GERD HOFFMANN (geb. 1932)

   Blöd! 204

Die Stadt der Kinder. Hrsg. von Hans Joachim Gelberg. Ill. von Werner Blaebst. Recklinghausen: Bitter, 1969. – © 1969 Georg Bitter Verlag GmbH & Co. KG, Recklinghausen.

AUGUST HEINRICH HOFFMANN VON FALLERSLEBEN (1798–1874)

   (1) Das Ährenfeld 39
   (2) Rätsel 40
   (3) Wettstreit 41

A. H. H. v. F.: Gesammelte Werke. Hrsg. von H[einrich] Gerstenberg. Bd. 2. Berlin: Fontane, 1891.

FRANZ HOHLER (geb. 1943)

   Der Pfingstspatz 229

Das Einhorn sagt zum Zweihorn. 42 Schriftsteller schreiben für Kinder. Hrsg. von Gerd Loschütz. Ill. von Heinz Edelmann. Köln: Middelhauve, 1974. – © 1974 Gertraud Middelhauve Verlag, Köln.

ADOLF HOLST (1867–1945)

   (1) Im See 88
   (2) Eislauf 88

Gertrud und Walther Caspari: Die Jahreszeiten. Mit bunten Bildern. Gedichte und Geschichten von Adolf Holst u. a. 4 Tle. Leipzig: Hahn, [1920].
A. H.: Tandaradei. Neue Kinderlieder. Ill. von Ernst Kutzer. Oldenburg: Stalling, [1924/25].

ERNST JANDL (geb. 1925)

   (1) *ottos mops* 162
   (2) *fünfter sein* 162
   (3) *und weinte bitterlich* 163

E. J.: Der künstliche Baum. Darmstadt/Neuwied: Luchterhand, 1970. (1, 2)
E. J.: für alle. Darmstadt/Neuwied: Luchterhand, 1974. (3)
© Luchterhand Literaturverlag, Frankfurt am Main.

JANOSCH (d. i. Horst Eckert, geb. 1931)

(1) *Eins, zwei, drei, Herr Poliziste* 199
(2) Das Liebesbrief-Ei 199

Die Stadt der Kinder. Hrsg. von Hans Joachim Gelberg. Ill. von Werner Blaebst. Recklinghausen: Bitter, 1969. (1) – © 1969 Georg Bitter Verlag GmbH & Co. KG, Recklinghausen.
Wie man Berge versetzt. 6. Jahrbuch der Kinderliteratur. Hrsg. von Hans Joachim Gelberg. Weinheim/Basel: Beltz, 1981. (Programm Beltz & Gelberg, Weinheim.) (2) – © Little Tiger Verlag, Hamburg.

BERND JENTZSCH (geb. 1940)

Februar 1945 226

B. J.: Alphabet des Morgens. Halle (Saale): Mitteldeutscher Verlag, 1961. – © Bernd Jentzsch, Euskirchen.

ERICH KÄSTNER (1899–1974)

(1) Weihnachtslied, chemisch gereinigt 108
(2) Das verhexte Telefon 109

E. K.: Gesammelte Schriften in 7 Bänden. Bd. 1: Gedichte. Zürich: Atrium-Verlag, 1959. (1)
E. K.: Gesammelte Schriften in 7 Bänden. Bd. 7: Romane für Kinder. Zürich: Atrium-Verlag, 1959. (2)
© Erich Kästner Erben, München.

HEINZ KAHLAU (geb. 1931)

Junger Naturforscher 200

H. K.: Der Fluß der Dinge. Gedichte aus 10 Jahren. Berlin/Weimar: Aufbau-Verlag, 1964. – © 1964 Aufbau-Verlag, Berlin und Weimar.

SUSANNE KILIAN (geb. 1940)

(1) Kindsein ist süß? 227
(2) Irgendwann fängt etwas an 228

Geh und spiel mit dem Riesen. 1. Jahrbuch der Kinderliteratur.
Hrsg. von Hans Joachim Gelberg. Weinheim/Basel: Beltz, 1971.
(Programm Beltz & Gelberg, Weinheim.) (1)
Am Montag fängt die Woche an. 2. Jahrbuch der Kinderliteratur.
Hrsg. von Hans Joachim Gelberg. Weinheim/Basel: Beltz, 1973.
(Programm Beltz & Gelberg, Weinheim.) (2)
© Susanne Kilian, Eltville.

ILSE KLEBERGER (geb. 1921)

(1) Frühling 131
(2) Sommer 132
(3) Herbst 133
(4) Winter 133

J. K.: Die Stadt der Kinder. Hrsg. von Hans Joachim Gelberg. Ill.
von Werner Blaebst. Recklinghausen: Bitter, 1969. (1–4) – © 1969
Georg Bitter Verlag GmbH & Co. KG, Recklinghausen.

FRITZ KOEGEL (1860–1904) und EMILY KOEGEL (gest. 1906)

Der Bratapfel 79

Sonniges Jugendland. Eine Sammlung von Gedichten, Kinderliedern
und Reimen zum Vorlesen und Lernen im Gesamtunterricht. Hrsg.
von Paul Faulbaum. Osterwieck: Zickfeldt, 1922.

AUGUST KOPISCH (1799–1853)

Die Heinzelmännchen 41

Gesammelte Werke von August Kopisch. Geordnet und hrsg. von
Freundes Hand [C. Bötticher]. 5 Bde. Bd. 1. Berlin: Weidmann,
1856.

KLAUS KORDON (geb. 1943)

Wunsch 230

Wie man Berge versetzt. 6. Jahrbuch der Kinderliteratur. Hrsg. von Hans Joachim Gelberg. Weinheim/Basel: Beltz, 1981. (Programm Beltz & Gelberg, Weinheim.) – © Klaus Kordon, Berlin.

MARIANNE KREFT (geb. 1939)

Anja 226

Menschengeschichten. 3. Jahrbuch der Kinderliteratur. Hrsg. von Hans Joachim Gelberg. Weinheim/Basel: Beltz, 1975. (Programm Beltz & Gelberg, Weinheim.) – © Marianne Kreft, Mannheim.

ERNST KREIDOLF (1863–1956)

Nebel 87

E. K.: Schwätzchen. Bilder und Reime. Köln: Schaffstein, [1903]. – © ars edition ag, Zug.

JAMES KRÜSS (geb. 1926)

(1) Die knipsverrückte Dorothee 167
(2) Das Feuer 169
(3) Marmelade, Schokolade 170
(4) Ameisenkinder 172
(5) Wenn die Möpse Schnäpse trinken 172

J. K.: Der wohltemperierte Leierkasten. 12 mal 12 Gedichte für Kinder, Eltern und andere Leute. Nachw. von Erich Kästner. Ill. von Eberhard Binder – Staßfurt. Gütersloh: Mohn, 1961. (1–3) – © 1961 C. Bertelsmann Verlag GmbH, München.
J. K.: Die kleinen Pferde heißen Fohlen. Tierkinderverse für Menschenkinder. Ill. von Margret Rettich. Hamburg: Oetinger, 1962. (4) – © James Krüss, Gilching.
J. K.: James' Tierleben. Eine kleine Zoologie zur Unterhaltung und Belehrung und zum Lesen und Vorlesen für die ganze Familie in 99 gereimten Lektionen ausführlich dargestellt. Ill. von Erika Meier-Albert. München: Betz, 1965. (5) – © James Krüss, Gilching.

MAX KRUSE (geb. 1921)

(1) *Herr Schneck* 134
(2) Zeit-Wörter 135
(3) Mein Glück 136

Jochen Bartsch / M. K.: Windkinder. Ill. von J. B. Reutlingen: Ensslin & Laiblin, 1968. (1) – © Max Kruse, Penzberg. – © für die Abbildung Jochen Bartsch.
Die Stadt der Kinder. Hrsg. von Hans Joachim Gelberg. Ill. von Werner Blaebst. Recklinghausen: Bitter, 1969. (2) – © 1969 Georg Bitter Verlag GmbH & Co. KG, Recklinghausen.
Geh und spiel mit dem Riesen. 1. Jahrbuch der Kinderliteratur. Hrsg. von Hans Joachim Gelberg. Weinheim/Basel: Beltz, 1971. (Programm Beltz & Gelberg, Weinheim.) (3) – © Max Kruse, Penzberg.

MICHAEL KUMPE (geb. 1946)

Schneewittchen 237

Menschengeschichten. 3. Jahrbuch der Kinderliteratur. Hrsg. von Hans Joachim Gelberg. Weinheim/Basel: Beltz, 1975. (Programm Beltz & Gelberg, Weinheim.) – © Michael Brandau geb. Kumpe, Springe.

GÜNTER KUNERT (geb. 1929)

(1) Über einige Davongekommene 192
(2) Kinderlied vom raschen Reichwerden 192
(3) Zähne 193
(4) Wie man zu seinem Kopf kommt 194

G. K.: Wegschilder und Mauerinschriften. Berlin: Aufbau-Verlag, 1950. (1) – © 1950 Aufbau-Verlag, Berlin, Deutsche Demokratische Republik.
Die Stadt der Kinder. Hrsg. von Hans Joachim Gelberg. Ill. von Werner Blaebst. Recklinghausen: Bitter, 1969. (2) – © 1969 Georg Bitter Verlag GmbH & Co. KG, Recklinghausen.
Menschengeschichten. 3. Jahrbuch der Kinderliteratur. Hrsg. von Hans Joachim Gelberg. Weinheim/Basel: Beltz, 1975. (Programm Beltz & Gelberg, Weinheim.) (3) – © Günter Kunert, Kaisborstel.

Das Windrad. Kindergedichte aus 2 Jahrzehnten. Hrsg. von Helmut Preißler. Ill. von Gertrud Zucker. Berlin [Ost]: Der Kinderbuchverlag, 1967. (4) – © 1967 Der Kinderbuchverlag, Berlin, Deutsche Demokratische Republik.

CLAUDIA LEHNA (geb. 1966)

Thomas überlegt 248

Wie man Berge versetzt. 6. Jahrbuch der Kinderliteratur. Hrsg. von Hans Joachim Gelberg. Weinheim/Basel: Beltz, 1981. (Programm Beltz & Gelberg, Weinheim.) – © Claudia Lehna, Rosenheim.

HANS GEORG LENZEN (geb. 1921)

Regen 137

Die Stadt der Kinder. Hrsg. von Hans Joachim Gelberg. Ill. von Werner Blaebst. Recklinghausen: Bitter, 1969. – © 1969 Georg Bitter Verlag GmbH & Co. KG, Recklinghausen.

MIRA LOBE (geb. 1913)

Der verdrehte Schmetterling 112

Am Montag fängt die Woche an. 2. Jahrbuch der Kinderliteratur. Hrsg. von Hans Joachim Gelberg. Weinheim/Basel: Beltz, 1973. (Programm Beltz & Gelberg, Weinheim.) – © Mira Lobe, Wien.

RUDOLF LÖWENSTEIN (1819–1891)

Traurige Geschichte vom dummen Hänschen 60

R. L.: Kindergarten. Ill. von Robert Kretschmer. Berlin: Trautwein, 1846.

JULIUS LOHMEYER (1835–1903)

    Wie Heini gratulierte 68

Sonniges Jugendland. Eine Sammlung von Gedichten, Kinderliedern und Reimen zum Vorlesen und Lernen im Gesamtunterricht. Hrsg. von Paul Faulbaum. Osterwieck: Zickfeldt, 1922.

PETER MAIWALD (geb. 1946)

    Was ein Kind braucht 239

Baggerführer Willibald. Kinderlieder. Hrsg. von Klaus Kuhnke. Reinbek b. Hamburg: Rowohlt, 1973. – © Peter Maiwald, Düsseldorf.

HANS MANZ (geb. 1931)

    (1) Katharina 201
    (2) Hans 202
    (3) Achterbahnträume 202
    (4) Wiedersehen 203
    (5) Fürs Familienalbum 203
    (6) Bericht aus der Natur 204

Die Stadt der Kinder. Hrsg. von Hans Joachim Gelberg. Ill. von Werner Blaebst. Recklinghausen: Bitter, 1969. (1, 2) – © 1969 Georg Bitter Verlag GmbH & Co. KG, Recklinghausen.
Geh und spiel mit dem Riesen. 1. Jahrbuch der Kinderliteratur. Hrsg. von Hans Joachim Gelberg. Weinheim/Basel: Beltz, 1971. (3) – © Hans Manz, Zürich.
Der fliegende Robert. 4. Jahrbuch der Kinderliteratur. Hrsg. von Hans Joachim Gelberg. Weinheim/Basel: Beltz, 1977. (4) – © Hans Manz, Zürich.
Lieber heute als morgen. Sprechen, hören, träumen, hoffen ... Texte für Kinder. Ill. von Wolfgang Rudelius. Weinheim/Basel: Beltz, 1988. (5, 6) – © 1988 Beltz Verlag, Weinheim und Basel. Programm Beltz & Gelberg, Weinheim.

JOHANN BENJAMIN MICHAELIS (1746–1772)

    Der Milchtopf 29

So viele Tage wie das Jahr hat. 365 Gedichte für Kinder und Kenner.
Ges. und hrsg. von James Krüss. Gütersloh: Bertelsmann, 1959.

EDUARD MÖRIKE (1804–1875)

   (1) Lied vom Winde 45
   (2) Er ist's 46
   (3) Septembermorgen 47
   (4) Mausfallen-Sprüchlein 47
   (5) Kinderszene 48

E. M.: Gedichte. Ausw. und Nachw. von Bernhard Zeller. Stuttgart: Reclam, 1977. (1–3)
Sämtliche Werke. Ausgabe in 3 Bänden. Hrsg. von Gerhart Baumann und Siegfried Grosse. Bd. 1. Stuttgart: Cotta, 1954. (4, 5)

CHRISTIAN MORGENSTERN (1871–1914)

   (1) Das große Lalula 89
   (2) Die drei Spatzen 90
   (3) Fips 90
   (4) Wenn es Winter wird 91

Ch. M.: Galgenlieder. Berlin: Cassirer, 1905. (1)
Ch. M.: Sämtliche Dichtungen in 3 Abteilungen. (Neuausg. und Nachw. von H[einrich] O. Proskauer.) Abt. 2. Bd. 16: Kindergedichte. Klein Irmchen. Klaus Burrmann, der Tierweltphotograph. Basel: Zbinden, 1978. (2–4)

DIETER MUCKE (geb. 1936)

   (1) Chaplin 212
   (2) Vermutung 213
   (3) Die einfältige Glucke 214
   (4) Die fliegende Kaffeemühle 215
   (5) Baden 215
   (6) Pantomime 216

(7) Die Strafe 216
(8) Vorfrühling 217
(9) Die Erfindung 218

D. M.: Freche Vögel. Ill. von G. Ruth Mossner. Berlin [Ost]: Der Kinderbuchverlag, 1977. (1–4) – © 1977 Der Kinderbuchverlag, Berlin, Deutsche Demokratische Republik.
D. M.: Die Lichtmühle. Ill. von Regine Grube-Heinecke. Berlin [Ost]: Der Kinderbuchverlag, 1985. (5–9) – © 1985 Der Kinderbuchverlag, Berlin, Deutsche Demokratische Republik.

DORIS MÜHRINGER (geb. 1920)

Besuch der alten Dame 129

D. M.: Staub öffnet das Auge. Gedichte Bd. 3. Graz: Styria, 1976. – © Doris Mühringer, Wien.

BÖRRIES FREIHERR VON MÜNCHHAUSEN (1874–1945)

Das alizarinblaue Zwergenkind 94

B. v. M.: Das dichterische Werk in 2 Bänden. Ausg. letzter Hand. Bd. 1. Das Balladenbuch (1924). Stuttgart: Deutsche Verlags-Anstalt, 1956. – © 1956 Deutsche Verlags-Anstalt GmbH, Stuttgart.

RUDOLF NEUMANN (geb. 1926)

(1) Elefant im Großstadtlärm 174
(2) Geschäftsgeist 175

Die Stadt der Kinder. Hrsg. von Hans Joachim Gelberg. Ill. von Werner Blaebst. Recklinghausen: Bitter, 1969. (1, 2) – © 1969 Georg Bitter Verlag GmbH & Co. KG, Recklinghausen.

CHRISTINE NÖSTLINGER (geb. 1936)

  (1) Mein Vater 219
  (2) Ich schiele 219

Am Montag fängt die Woche an. 2. Jahrbuch der Kinderliteratur. Hrsg. von Hans Joachim Gelberg. Weinheim/Basel: Beltz, 1973. (Programm Beltz & Gelberg, Weinheim.) (1)
Überall und neben dir. Gedichte für Kinder in 7 Abteilungen. Hrsg. von Hans Joachim Gelberg. Weinheim/Basel: Beltz, 1986. (Programm Beltz & Gelberg, Weinheim.) (2)
© Christine Nöstlinger, Wien.

CHRISTIAN ADOLF OVERBECK (1755–1821)

  Fritzchen an den Mai 33

So viele Tage wie das Jahr hat. 365 Gedichte für Kinder und Kenner. Ges. und hrsg. von James Krüss. Gütersloh: Bertelsmann, 1959.

LUTZ RATHENOW (geb. 1952)

  Ein Riese hatte Riesenhände 247

Überall und neben dir. Gedichte für Kinder in 7 Abteilungen. Hrsg. von Hans Joachim Gelberg. Weinheim/Basel: Beltz, 1986. (Programm Beltz & Gelberg, Weinheim.) – Wiederabdr. in: L. R.: Sterne jonglieren. Gedichte. Ill. von Andreas Röckener. Ravensburg: Maier, 1989. – © 1989 Ravensburger Buchverlag Otto Maier GmbH, Ravensburg.

EVA RECHLIN (geb. 1928)

  (1) In dieser Minute 186
  (2) An die Mutter zum Muttertag 187
  (3) Der Frieden 188

E. R.: Träumereien und Schnurrpfeifereien. Düsseldorf: Patmos, 1988. (1, 2) – © 1988 Patmos Verlag GmbH, Düsseldorf.
Die Stadt der Kinder. Hrsg. von Hans Joachim Gelberg. Ill. von Werner Blaebst. Recklinghausen: Bitter, 1969. (3) – © 1969 Georg Bitter Verlag GmbH & Co. KG, Recklinghausen.

JOSEF REDING (geb. 1929)

(1) Überfluß und Hungersnot 195
(2) Meine Stadt. 196

J. R.: Gutentagtexte. Vereint mit Ach- und Krach-Texten. Ill. von Paul Reding. Recklinghausen: Bitter, 1988. (1, 2) - © für Texte und Illustrationen 1988 Georg Bitter Verlag GmbH & Co. KG, Recklinghausen.

ROBERT REINICK (1805–1852)

(1) Das Dorf 49
(2) Der Faule. 50
(3) Vom schlafenden Apfel 52
(4) Was gehn den Spitz die Gänse an? 53
(5) Im Herbst [aus dem Zyklus »Vier Wiegenlieder«] 54

R. R.: Märchen-, Lieder- und Geschichtenbuch. Gesammelte Dichtungen Reinicks für die Jugend. Zum ersten Mal ges. und hrsg. Mit zahlreichen Bildern. Bielefeld/Leipzig: Velhagen & Klasing, 1905. (1–5)

CHRISTA REINIG (geb. 1926)

Teppichlitanei 176

Die Stadt der Kinder. Hrsg. von Hans Joachim Gelberg. Ill. von Werner Blaebst. Recklinghausen: Bitter, 1969. – © 1969 Georg Bitter Verlag GmbH & Co. KG, Recklinghausen.

LAURA E. RICHARDS (1856–1943)

Eletelefon 177

James Krüss: Seifenblasen zu verkaufen. Das große Nonsens-Buch mit Versen aus aller Welt für jung und alt. Ill. von Eberhard Binder-Staßfurt. Gütersloh: Bertelsmann Jugendbuchverlag, 1972. – Übers. von Hans Baumann. – © für die Übersetzung: Hans Baumann Erben, Murnau. – Die Illustration wurde entnommen aus: Ein Reigen um die Welt. Hrsg. von Hans Baumann. Ill. von Manfred Vormstein. Gütersloh: S. Mohn, 1965. – © Manfred Vormstein.

JOACHIM RINGELNATZ (d. i. Hans Bötticher, 1883–1934)

(1) Die Ameisen 98
(2) Volkslied 98
(3) Im Park 99
(4) Heimatlose 99
(5) Kindergebetchen 100
(6) Arm Kräutchen 101

J. R.: Das Gesamtwerk in 7 Bänden. Hrsg. von Walter Pape. Bd. 1: Gedichte 1. Berlin: Henssel, 1984. (1–5)
J. R.: Das Gesamtwerk in 7 Bänden. Hrsg. von Walter Pape. Bd. 2: Gedichte 2. Berlin: Henssel, 1985. (6)
© Karl H. Henssel Verlag, Berlin.

FRIEDRICH RÜCKERT (1788–1866)

Vom Bäumlein, das andere Blätter hat gewollt 35

F. R.: Gedichte. Hrsg. von Walter Schmitz. Stuttgart: Reclam, 1988.

JOHANN GAUDENZ VON SALIS-SEEWIS (1762–1834)

Herbstlied [gekürzt] 34

Haller und Salis-Seewis. Auswahl. Hrsg. von Adolf Frey. Berlin/Stuttgart: Spemann, [1884].

FRIDA SCHANZ (1859–1944)

Niemand 78

Tausend Sterne leuchten. Hirt's Sammlung deutscher Gedichte. 2.–4. Schuljahr. Ill. von Else Wenz-Viëtor. 3., durchges. Aufl. Breslau: Hirt, 1937.

JO SCHULZ (geb. 1920)

Zur Theorie der Purzelbäume 130

J. Sch.: Poesie und Purzelbaum. Berlin [Ost]: Henschel, 1971. – © 1971 Henschelverlag, Berlin, Deutsche Demokratische Republik.

ALFONS SCHWEIGGERT (geb. 1947)

 Was braucht ein Soldat im Krieg? 240

Wer viel fragt, kriegt viel gesagt. Allerlei bunte Bilder von Christoph Meckel mit möglichen und unmöglichen Fragen und Antworten von A. Sch. München: Parabel, 1974. – © Alfons Schweiggert, Lochham.

HEINRICH SEIDEL (1842–1906)

 (1) April 71
 (2) Das Huhn und der Karpfen 72
 (3) Die Schaukel 73
 (4) November 74

Sonniges Jugendland. Eine Sammlung von Gedichten, Kinderliedern und Reimen zum Vorlesen und Lernen im Gesamtunterricht. Hrsg. von Paul Faulbaum. Osterwieck: Zickfeldt, 1922. (1)
Gedichte von Heinrich Seidel. Gesamtausgabe. Stuttgart/Berlin: Cotta, 1903. (2, 4)
Gesammelte Schriften von Heinrich Seidel. Bd. 11: Neues Glockenspiel. Leipzig: Liebeskind, 1894. (3)

FRITZ SENFT (geb. 1922)

 Tante Ellen 157

Am Montag fängt die Woche an. 2. Jahrbuch der Kinderliteratur. Hrsg. von Hans Joachim Gelberg. Weinheim/Basel: Beltz, 1973. (Programm Beltz & Gelberg, Weinheim.) – © Fritz Senft, Wettingen.

ALBERT SERGEL (1876–1946)

 (1) Löwenzahn 96
 (2) Nüsseknacken 97

A. S.: Ringelreihen. Kindergedichte. Rostock: C. J. E. Volckmann Nachf., 1907. (1)

A. S.: Dideldumdei. Verse für die Kleinen. Ill. von Hans von Volkmann, Komp. von Engelbert Humperdinck. Reutlingen: Ensslin & Laiblin, [1910]. (2)

GUSTAV SICHELSCHMIDT (geb. 1913)

Lustiger Mond 113

So viele Tage wie das Jahr hat. 365 Gedichte für Kinder und Kenner. Ges. und hrsg. von James Krüss. Gütersloh: Bertelsmann, 1959.

SHEL SILVERSTEIN (geb. 1932)

(1) Erfindung 113
(2) Jimmy Spät und sein Fernsehgerät 114
(3) Schattenwäsche 116

Sh. S.: Wo der Gehweg endet. Übers. von Fredrik Vahle. Ill. von Sh. S. Köln: Middelhauve, 1987. (1–3) – © für Texte und Illustration 1987 Gertraud Middelhauve Verlag, Köln.

DOROTHEE SÖLLE (geb. 1929)

(1) *Vom baum lernen* 189
(2) Weisheit der indianer 189

D. S.: Fliegen lernen. Gedichte. Berlin: Fietkau, 1979. (1) – © 1979 Wolfgang Fietkau Verlag, Berlin.
D. S.: Spiel doch von Brot und Rosen. Gedichte. Berlin: Fietkau, 1981. (2) – © 1981 Wolfgang Fietkau Verlag, Berlin.

JÜRGEN SPOHN (geb. 1934)

(1) Vier 205
(2) Kindergedicht 205
(3) »Kindergedicht« 206
(4) Ein Schauder 208
(5) Ernste Frage 208
(6) Wo ist die Zeit 209

Die Stadt der Kinder. Hrsg. von Hans Joachim Gelberg. Ill. von Werner Blaebst. Recklinghausen: Bitter, 1969. (1) – © 1969 Georg Bitter Verlag GmbH & Co. KG, Recklinghausen.
Geh und spiel mit dem Riesen. 1. Jahrbuch der Kinderliteratur. Hrsg. von Hans Joachim Gelberg. Weinheim/Basel: Beltz, 1971. (Programm Beltz & Gelberg, Weinheim.) (2) – © Jürgen Spohn, Berlin.
Am Montag fängt die Woche an. 2. Jahrbuch der Kinderliteratur. Hrsg. von Hans Joachim Gelberg. Weinheim/Basel: Beltz, 1973. (Programm Beltz & Gelberg, Weinheim.) (3) – © Jürgen Spohn, Berlin.
J. S.: Drunter & drüber. Verse zum Vorsagen, Nachsagen und Weitersagen. Ill. von J. S. München: Bertelsmann, 1980. (4–6) – © für Texte und Illustration 1980 C. Bertelsmann Verlag GmbH, München.

HANS STEMPEL (geb. 1924) und MARTIN RIPKENS (geb. 1934)

(1) Kinderkram 160
(2) Willkommen an Bord 160

Ulrike Enders / H. S. / M. R.: Purzelbaum. Verse für Kinder. Ill. von U. E. München: Ellermann, 1972. (1, 2) – © für Texte und Illustration 1972 Verlag Heinrich Ellermann, München.

LULU VON STRAUSS UND TORNEY (1873–1956)

Löwenzahn 93

Unser Lesebuch. 3. und 4. Schuljahr. Speyer: Zechner, 1967.

EVA STRITTMATTER (geb. 1930)

Die Drossel singt 198

Was sieht die Ringeltaube? Hrsg. von Edith George. Ill. von Hans Ticha. Berlin [Ost]: Der Kinderbuchverlag, 1978. – © 1978 Der Kinderbuchverlag, Berlin, Deutsche Demokratische Republik.

UWE TIMM (geb. 1940)

   Mitten im kalten Winter 228

Praxis Deutsch. Zeitschrift für den Deutschunterricht. Jg. 8. H. 50.
Seelze: Friedrich Verlag, 1981. – © Uwe Timm, Herrsching.

JOHANNES TROJAN (1837–1915)

   (1) Die Wohnung der Maus 69
   (2) Wo bin ich gewesen? 69

J. T.: Kinderlust. Ein Jugend-Album mit Reimen. Ill. von Rudolf
Geißler. Stuttgart: Thienemann, ²1875. (1, 2)

JULIAN TUWIM (1894–1953)

   Die Lokomotive 103

J. T.: Die Lokomotive. Nachdichtung von James Krüss. Ill. von Jan
Marcin Szancer. Berlin [Ost]: Der Kinderbuchverlag, 1957. –
© 1957 Der Kinderbuchverlag, Berlin, Deutsche Demokratische
Republik.

EMIL WEBER (1873–1948)

   Fritzens ganze Familie 94

E. W.: Sonne und Wind. Gedichte für Kinder. Ill. von César Klein.
Leipzig: Hahn, [²1910].

RUDOLF OTTO WIEMER (geb. 1905)

   Floskeln 111

R. O. W.: Beispiele zur deutschen Grammatik. Berlin: Fietkau,
1971. – © 1971 Wolfgang Fietkau Verlag, Berlin.

FRANTZ WITTKAMP (geb. 1943)

  (1) Vielleicht 230
  (2) *Als die Prinzessin den Ring verlor* 230
  (3) *Da oben auf dem Berge* 231
  (4) *Der Wald ist endlos* 231
  (5) *Gestern hab ich mir vorgestellt* 232
  (6) *Nichts gelesen, nichts geschrieben* 232
  (7) *Übermorgen bin ich verreist* 232
  (8) *Verlegen blickte der Bär mich an* 232
  (9) *Wenn der Bär nach Hause kommt* 232
(10) *Wie gut, daß ein Hase nicht lesen kann* 235

Überall und neben dir. Gedichte für Kinder in 7 Abteilungen. Hrsg. von Hans Joachim Gelberg. Weinheim/Basel: Beltz, 1986. (1) – © 1986 Beltz Verlag, Weinheim und Basel. Programm Beltz & Gelberg, Weinheim.

F. W.: Ich glaube, daß du ein Vogel bist. Verse und Bilder. Weinheim/Basel: Beltz, 1987. (2–10) – © für Texte und Illustration 1987 Beltz Verlag, Weinheim und Basel. Programm Beltz & Gelberg, Weinheim.

JOSEF WITTMANN (geb. 1950)

Dornresal/Dornröschen 242

Menschengeschichten. 3. Jahrbuch der Kinderliteratur. Hrsg. von Hans Joachim Gelberg. Weinheim/Basel: Beltz, 1975. (Programm Beltz & Gelberg, Weinheim.) – © Josef Wittmann, Tittmoning.

URSULA WÖLFEL (geb. 1922)

Ostern 157

Wunder Welt. Lesebuch für die Grundschule 4. Düsseldorf: Schwann, 1968. – © Cornelsen Verlag Schwann-Girardet GmbH & Co. KG, Düsseldorf.

HILDEGARD WOHLGEMUTH (geb. 1917)

  (1) Schularbeiten machen 122
  (2) Im Warenhaus 123
  (3) Korczak und die Kinder 124
  (4) Der Frieden, Kind, der Frieden 126

Die Stadt der Kinder. Hrsg. von Hans Joachim Gelberg. Ill. von Werner Blaebst. Recklinghausen: Bitter, 1969. (1, 2) – © 1969 Georg Bitter Verlag GmbH & Co. KG, Recklinghausen.
Am Montag fängt die Woche an. 2. Jahrbuch der Kinderliteratur. Hrsg. von Hans Joachim Gelberg. Weinheim/Basel: Beltz, 1973. (Programm Beltz & Gelberg, Weinheim.) (3) – © Hildegard Wohlgemuth, Schwanewede.
Augenaufmachen. 7. Jahrbuch der Kinderliteratur. Hrsg. von Hans Joachim Gelberg. Weinheim/Basel: Beltz, 1984. (Programm Beltz & Gelberg, Weinheim.) (4) – © Hildegard Wohlgemuth, Schwanewede.

Der Verlag Philipp Reclam jun. dankt für die Nachdruckgenehmigung den Rechteinhabern, die durch den Quellennachweis oder einen folgenden Copyrightvermerk bezeichnet sind. In einigen Fällen waren die Rechteinhaber nicht festzustellen. Hier ist der Verlag bereit, nach Anforderung rechtmäßige Ansprüche abzugelten.

Nachwort

Josef Guggenmos ist gekommen: dicht gedrängt sitzen die Kinder in der Bücherei, nicht um zuzuhören, sondern um ihm seine Gedichte vorzusprechen. Zum Glück kann er mit ein paar neuen zu Wort kommen, die noch nicht in den Lesebüchern stehen.
Genauso war es in Moskau: 2000 festlich gekleidete Kinder feiern wie jedes Jahr im geschichtsträchtigen Säulensaal, dem heutigen Haus der Gewerkschaften, den Geburtstag Hans Christian Andersens. Aus allen Republiken sind zur Eröffnung der Kinderbuchwoche die Kinderbuchautoren angereist. Der greise Michalkow, bei uns nur durch seine Erzählungen bekannt, tritt ans Mikrofon und – der Saal rezitiert seine Gedichte.

Das sind Ausnahmefälle; dennoch, ohne die Schule und den Kindergarten lebte das Kindergedicht nicht. Zum Gedächtnistraining und Notengeben wird es leider immer noch pervertiert, teilweise wieder im ministeriell verordneten Kanon, aber Kinder erleben auch Freude am Klang, am poetischen Bild, am sprachlichen Einfall, es dient nicht zuletzt als Hinführung oder erste Barriere auf dem Weg ins ›Reich der Dichtung‹. In der Kinderbücherei bleiben die Gedichtbände stehen wie in der Bibliothek auch, es sei denn – und das kommt sehr häufig vor – die Verse begegnen in der Bilderbuchabteilung. Nicht immer bleibt die Qualität der Texte hinter der der Bilder zurück! Kästner hat 1931 mit Walter Trier *Das verhexte Telefon* geschaffen, Elisabeth Borchers und Dietlind Blech haben mit *Und oben schwimmt die Sonne davon* die alte Tradition der Kalendergedichte wieder aufgenommen, Halbey hat für seinen großformatigen *Pampelmusensalat* mit Günther Stiller einen kongenialen Illustrator gefunden, um außer dem *Struwwelpeter* nur ein paar Beispiele zu nennen.

Lange vor Schule und Kindergarten sind Kinder Gedichten begegnet, in Fingerspielen und Kniereiterliedchen, in

Abzählversen und Spielliedern, haben, soweit sie in ›literarischer Umwelt‹ aufwachsen, Reime aus der uralten Tradition kennengelernt, wie sie Arnim und Brentano in *Des Knaben Wunderhorn* (1808) herausgegeben haben, Enzensberger mit seinem *Allerleirauh* (1961) und Ruth Dirx, zuletzt mit den Bildern von Renate Seelig (1987). Vergessen wir nicht den lustvollen Umgang der Kinder mit dem subliterarischen Versgut, das nicht in Kristallüstersäle paßt, sondern auf der Straße getauscht wird, geheimgehalten vor Eltern und Lehrern, wie es Peter Rühmkorf unter dem Titel *Über das Volksvermögen* (1969) gesammelt und analysiert hat.

Soll man die alte Diskussion wieder aufnehmen, ob Gedichte für Kinder Gebrauchslyrik sind, nur weil die Zielgruppe genannt wird? Sind Gedichte für Erwachsene schon deshalb dem Makel des Gebrauchs entzogen, weil es sich von selbst versteht, daß sie für niemand anderes geschrieben sein können, weil sie den Adressatenbezug nicht an der Stirn tragen? Hinter solchen Fragestellungen verbirgt sich die Idee vom autonomen Kunstwerk, von der Lyrik als seiner höchsten und reinsten Ausprägung – »Gebrauch« wirkt wie Blasphemie. Autonom heißt dabei: ohn' Woher und ohn' Wohin, losgelöst von Autorbiographie und Entstehungszeit einerseits, von Wirkungsgeschichte und aktueller Rezeption andererseits. Und autonom meint auch: zeitlos gültig, seinen Wert in sich tragend. Nicht Lyrik und (minderwertige) Gebrauchslyrik stehen gegeneinander, sondern verschiedene methodische Zugriffe. Dieses Denkmuster läßt sich nicht nur an Gedichten für Kinder widerlegen, aber sie eignen sich dazu in besonderem Maße.

Gedichte für Kinder bilden einen vergleichsweise überschaubaren Textcorpus, wenigstens soweit das vorwiegende Gebrauchsfeld betrachtet wird, die häusliche Erziehung, Kindergarten und Schule. Dabei kann zunächst die ungeklärte (und letztendlich auch nicht verbindlich zu klärende) Definition, die Abgrenzung von Kinderreim, Kinderlied, Kindergedicht unberücksichtigt bleiben, die Unterscheidung nach »*für* Kinder geschrieben« oder »*für* Kinder geeignet« sowie die Versuche, dies begrifflich festzuschreiben. Nimmt man noch die wenigen, in der letzten Zeit zunehmenden Beispiele hinzu, in denen »Gedichte *von* Kindern« publiziert werden oder gar Gedichte, mit denen in nostalgischer oder anderer Absicht die Kindheit besungen oder reflektiert wird nach dem Motto »Bin ich denn nicht auch ein Kind gewesen?« (Eichendorff), dann wird es vollends unmöglich, das Dickicht zu durchdringen.

Viele Beispiele der letzten Sorte finden sich in dem *Hausbuch der schönsten deutschen Kindergedichte* (1980), das Herbert Heckmann und Michael Krüger zunächst unter dem Titel *Kommt, Kinder, wischt die Augen aus, es gibt hier was zu sehen* (1974) herausgegeben hatten. Martin Opitz beginnt sein »An ein kleines Mädchen«: »Die Mädchen und die Frauen, / Die lob' ich für und für. / Die Blumen auf den Auen / Sind nicht von solcher Zier. / Die Sonne, wenn sie strahlet / Vom Morgenlande her, / Hat schöner nie gemalet / Die Länder und das Meer.«

Gar Rückerts »Kindertotenlieder« zu Kindergedichten zu machen, heißt, sich sowohl über die Intention des Autors als auch über die Rezeptionsgeschichte hinwegzusetzen. Daß sie noch nie in Lesebüchern oder Anthologien für Kinder begegneten, ist allein kein Grund, sie doch in ein »Hausbuch« aufzunehmen; daß Rückert mit ihnen Trauer über den Tod seiner drei und fünf Jahre alten Kinder verarbeitet, das hingegen entzieht sie, in gedanklicher und sprachlicher Hinsicht, kindlichem Interesse und Verständnis.

Mit diesem Urteil betreten wir den Schauplatz einer nicht endenden Kontroverse: mit dem Gestus der »Befreiung des Kindes« treten Herausgeber an, oft selber Schriftsteller, schelten die Erzieher »Zuchtmeister der Literatur«, weil sie auch andere als ästhetische Kriterien bei der Auswahl der Gedichte für nötig erachten – und sie finden in der Regel lautstarken Beifall bei allen, die Erziehung als Repression erfahren haben. Wer wollte ausschließen, daß Zehnjährige sich mit Celan-Gedichten auseinandersetzen können, wie es

Ende der 60er Jahre modellhaft geschehen ist, daß sie im Kindertheater den Mythen der Antike und den Dramen der Klassik begegnen, aber doch immer nur, wenn Lehrer, Eltern, Regisseure erhebliche Vermittlungsarbeit leisten.

Anders verhält es sich dagegen mit Rückerts »Fünf Märlein zum Einschlafen für mein Schwesterlein«, mit denen er die Fünfjährige im Dezember 1813 beschenken wollte. Sie gelten, fünf Jahre nach *Des Knaben Wunderhorn*, zusammen mit den dort gesammelten Kinderliedern und -reimen als Abkehr vom aufklärerischen Erziehungspoem, ohne daß damit freilich der Trend zur versifizierten Tugendlehre endgültig gebrochen worden wäre. Zwar drohen auch dem Büblein und dem Bäumlein Strafen für abwegiges Verhalten, die in grausamer Märchenmanier vorgeführt werden: das Männlein gerät in die Gans, unters Messer der Köchin, in die Pfanne, aber die Ausflüge ins Neuland, ins Unbekannte sind so phantasievoll, die Rückkehr in die Wirklichkeit ist so behutsam, daß die »Märlein« bis heute einzeln oder vollständig in verschiedenen Bilderbuchfassungen oder Lesebüchern und Anthologien überlebt haben (vgl. »Vom Bäumlein, das andere Blätter hat gewollt«). Eine Sonderstellung nehmen die »Märlein« auch insofern ein, als sie nicht erst nachträglich zu Kindergedichten ›erklärt‹ worden sind wie die (in unserer Anthologie voraufgehenden) Texte von Claudius bis Brentano, mit Ausnahme des »Fritze« von Matthias Claudius vielleicht und Overbecks »Fritzchen an den Mai«.

Selten ist wohl bei der Aneignung so tief in den ursprünglichen Textbestand eingegriffen worden wie beim »Herbstlied« von Salis-Seewis: teilweise hat nur eine von sieben Strophen der Ernteidylle überlebt, vielleicht auch durch die zeitgenössische Vertonung Johann Friedrich Reichardts (1752–1814).

Mit den Texten von Claudius und Goethe haben wir zwei Varianten aus der Frühzeit des Kindergedichts, dem ausgehenden 18. und beginnenden 19. Jahrhundert, die bis in die Gegenwart zu finden sind. Beim einen ließen sich ohne Schwierigkeiten weitere Beispiele finden, die Wahl fällt schwer; die Frage stellt sich nicht, ob Claudius seine Gedichte *für* Kinder geschrieben hat oder nicht: durch ständige Rezeption sind sie zu Kindergedichten geworden. Sie können als Exempel dienen für das immer wieder formulierte Qualitätsmerkmal: wenn Du für Kinder schreiben willst, mußt Du für Erwachsene schreiben – nur besser; oder: ein guter Text für Kinder muß auch ein guter Text für Erwachsene sein, einen Unterschied gibt es gar nicht. Goethe dagegen ist alles andere als ein Kinderautor, und dennoch finden sich immer wieder einzelne Gedichte in Anthologien – eine Demonstration, daß der große Meister alles kann, sogar für Kinder schreiben? Kein Lesebuch konnte früher ohne »Die wandelnde Glocke« auskommen, die das säumige Kind sonntags in die Kirche trieb. Sogar für ein rigides, duckmäuserisches Christentum ließ sich Goethe vereinnahmen. »Gefunden« ist einerseits für Kinder verständlich, obwohl es nicht für sie geschrieben wurde, entspricht also dem Claudius-Typus, unterscheidet sich aber andererseits von ihm; es ist auf mehreren Bedeutungsebenen lesbar, als Naturgedicht, als Liebesgedicht, als autobiographisches Dokument. Noch schwerer ist es den Lesebuchmachern gefallen, den anderen »großen« Klassiker den Kindern nahezubringen. »Mit dem Pfeil, dem Bogen« lernten sie Schiller kennen, und mehr war auch bei intensivster Suche nicht zu finden. Wie Goethe und Schiller sind Heine (»Die Heil'gen Drei Könige«) und Fontane (»Herr von Ribbeck«), aber auch später Britting (»Goldene Welt«) und Endrikat (»Die Wühlmaus«) nur mit vereinzelten Gedichten in der Kinderliteratur tradiert worden.

Das bildungsbeflissene Aufklärungszeitalter hat mit seinen Fabeln und Lehrgedichten, letztere oft in der Form der Vater-Sohn-Dialoge, weit ins 19. Jahrhundert hinein auch den Lyrikkanon bestimmt, mit den Hey-Speckter'schen Fabeln (erstmals 1833) noch die Lesebücher bis in die 20er und 30er Jahre unseres Jahrhunderts. Der penetrante Ton, mehr noch die betulichen Reglementierungen und Moralvorstellungen widersprechen unseren heutigen Erziehungszielen. Deshalb sind neben den Texten von Salis-Seewis, Claudius und Overbeck aus dem Umkreis des Göttinger Hain nur zwei Beispiele aus dem 18. Jahrhundert aufgenommen. Nicht mit ungelegten Eiern zu spekulieren, rät Michaelis mit seinem »Milchtopf« – über die Jahrhunderte hinweg aktuell wie Schatzgräberei und Erbschaftsstreit, die Bürger, der Ahnherr der deutschen Kunstballade, in »Die Schatzgräber« auf humorvolle Weise mit überraschender Pointe aufs Korn nimmt. Beide »Lehrgedichte« heben sich in ihrer selbstironischen Art von den hölzernen und bierernsten Unterweisungen der Zeitgenossen ab, vielleicht vergleichbar mit dem Augenzwinkern, mit dem 200 Jahre später Guggenmos sich von den lehrhaften Verkehrserziehungsgedichten abwendet mit seinem »Wenn ein Auto kommt«.

Hinsichtlich der chronologischen Einordnung bieten die anonymen Texte besondere Schwierigkeiten. Sie wurden an den Anfang gestellt, obwohl nicht von allen sicher ist, ob sie von ihrer Entstehungszeit her dorthin gehören. In Anthologien gelten einige als »Volksgut«, andere laufen unter »unbekanntem Verfasser«, die einen stammen aus *Des Knaben Wunderhorn* (»Das bucklige Männlein«), aus Simrocks *Das Deutsche Kinderbuch* (1848, »Des Abends, wenn ich früh aufsteh«) oder aus *Allerleirauh* (1961, »Auf einem Gummi-Gummi-Berg«, »Es tanzt ein Bi-Ba-Butzemann«, »Morgens früh um sechs«). Andere kommen aus dem berühmten *Zupfgeigenhansl* von 1908 (»Die schöne, junge Lilofee« – mit der Angabe »Gegend von Joachimstal, 1813« – und »Zu Regensburg auf der Kirchturmspitz«), und aus Horst Kunzes »Sammlung von herrenlosen Scherzdichtungen, älteren und neueren Kindereien...«, die er 1943 im Heimeran Verlag unter dem Titel *Dunkel war's, der Mond schien helle* herausgegeben hat. Nicht nur mit diesem titelgebenden Text erlebt man Abenteuerliches, wenn man auf die Suche nach Quellen und Erstdrucken geht. Das textkritische Zeitalter hat für die Kinderliteratur noch nicht begonnen, eine

Anthologie schreibt von der anderen ab. Man stutzt zunächst nicht einmal, wenn der obige Nonsense-Text in Carrolls *Alice im Wunderland* stehen soll. In der Tat ist er in einer Nacherzählung der *Alice* an die Stelle eines schwer übersetzbaren Gedichts gesetzt worden. Ein anderes Beispiel: in Kunzes Sammlung wird »Eine Kuh, die saß im Schwalbennest« als »Volksmund« nach einer Zeitschrift von 1895 zitiert; 25 Jahre später gibt derselbe Kunze in seinem *Schatzbehalter* (wohl richtig) Gustav Falke als Autor an. Weshalb sollte nicht auch »Himpelchen und Pimpelchen« seine Anonymität verlieren wie in dem bis in die Nachkriegszeit verlegten *Sonnigen Jugendland* (1922) von Paul Faulbaum. Da die jüngeren Texte ebenfalls Volksgut geworden sind, der Brauch diesen Ehrennamen jedoch nur den älteren zubilligt, habe ich mich für die neutrale Angabe »Anonym« entschieden.

Kurz vor der Jahrhundertwende geboren, ist August Heinrich Hoffmann von Fallersleben, der mit dem »Deutschlandlied« eher zufällig zu nationalen Ehren gekommen ist, der älteste einer ganzen Reihe von Klassikern des Kindergedichts, die nicht nur im 19. Jahrhundert den Ton angegeben haben, sondern noch zwei Jahrzehnte nach dem 2. Weltkrieg Lesebücher und Gedichtsammlungen für die Schule bestimmten. In den beiden selbst klassisch gewordenen Anthologien, die ihre Wirkung im außerschulischen Bereich entfalteten – in *So viele Tage, wie das Jahr hat*, 1959 von James Krüss herausgegeben, und in *Ans Fenster kommt und seht*, 1964 in der DDR erschienen – fielen die wenigen Neuansätze der Zeit nach 1900 nicht ins Gewicht. Generationen von Kindern lernten die Welt kennen, wie Reinick und Güll, Löwenstein und Dieffenbach, Trojan und Seidel, Blüthgen und Falke sie in die Köpfe pflanzten. Es dauerte achtzig Jahre, bis Richard Dehmels »Frecher Bengel« (von Krüss nur im Nachwort seiner Anthologie vollständig abgedruckt!) zum ersten Mal, in der Schule freilich ungehört, aufbegehrte gegen die Erziehungsmoral vom dummen, aber braven Hänschen (vgl. Löwensteins »Traurige Geschichte vom dummen Hänschen« oder Lohmeyers »Wie Heini gratulierte«); vom *Wunderhorn* bis 1893 gibt es nur eine durchgehende Melodie: das Leben im Dorf, in und mit der Natur. Keine belehrenden Fabeln stören den Einklang, sondern das friedliche Miteinander der Tiere spiegelt das Ideal der Kleinfamilie. Geschrei machen nur die Hühner, Streit gibt es nur zwischen dem Spitz und den Gänsen (vgl. Reinicks »Das Dorf« und »Was gehn den Spitz die Gänse an«) oder zwischen dem Huhn und dem Karpfen (in dem gleichnamigen Gedicht von Seidel), aber der poetische Umweg über die Tiere führt zu der Einsicht: es ist dumm, sich zu streiten. Am Ende haben »die fünf Hühnerchen / einander wieder lieb« (S. 76). Es ist ein Jubel der Harmonie, wenn die Tiere zu musizieren anfangen, wie in Dieffenbachs »Dorfmusik« und »Waldkonzert«. Selbst Katz und Maus tanzen miteinander in Mörikes »Mausfallen-Sprüchlein«. Die Schlittenfahrt bei Falke, ein halbes Jahrhundert später, endet dann allerdings gar nicht mehr so friedlich: die Maus wird gefressen, weil sie nicht still gesessen hat.

Die Kinder scheinen fast wunschlos glücklich: auf Bäume zu klettern oder aufs Eis zu gehen, wird das Büblein gar nicht versuchen, denn es kennt das böse Ende (vgl. Gülls »Kletterbüblein« und »Vom Büblein auf dem Eis«). Bei dem bescheidenen Wunsch nach einem Apfel hilft der Wind (Reinick, »Vom schlafenden Apfel«); so bleiben nur die Träume vom Fliegen, auf der Schaukel (Seidel, »Die Schaukel«) oder gar auf einem Drachen (Blüthgen, »Ach, wer doch das könnte«). Wie erdverbunden und gefesselt die Phantasie dabei bleibt, das verrät ein Vergleich mit den »Närrischen Träumen« von Gustav Falke, der um die Jahrhundertwende sich vorzustellen wagt, der Mond im Meer zu sein. Wie ein Blick in eine Puppenstube kommen einem die Gedichte des 19. Jahrhunderts vor: alles kann man anfassen, nichts Unbekanntes oder Fremdes bedroht die Gemütsruhe. Nicht Kinder werden krank und sterben, sondern eine »Kinderszene« läßt Mörike aufführen: es ist die Puppe, die starkes Fieber hat. Dem Tod begegnete das Kind in seinem Alltag wohl häufiger als in seiner Poesie; selbst Fontanes »Herr von Ribbeck« mit seinen eher versöhnlichen Tönen ist erst in neuerer Zeit für Kinder ›erobert‹ worden. Es scheint immer Sonntag zu sein, die Arbeit wird von den »Heinzelmännchen« verrichtet. Ein »Sonniges Jugendland«, so erinnerten sich Erwachsene nostalgisch an ihre Kindheit, und so verklärten sie für ihre Kinder die Realität, wobei freilich bedacht werden muß, daß für sie selbst Poesie die Aufgabe hatte (und weitgehend heute noch hat), die Realität des Alltags zu verklären. Es bedurfte keiner großen Anstrengung, von der Heimatkunstbewegung der 80er Jahre über die Idyllisierung des Bauerntums in der NS-Zeit bis in die Nachkriegszeit die Stadt, die Bereiche der Wirtschaft und Politik nicht nur vor den Blicken der Kinder verborgen zu halten wie das Böse schlechthin. Industrialisierung und tiefgreifende gesellschaftliche Veränderungen sind lange spurlos an den Kindergedichten vorbeigegangen: die übermächtige Tradition des 19. Jahrhunderts hat bis in die 60er Jahre gewirkt – und beginnt heute erneut, die Zäune um die Kinder aufzurichten nach dem Motto: »Kein Klang der aufgeregten Zeit / Drang noch in diese Einsamkeit« (Storm). Nur ein einziger Text in unserer Auswahl liegt wie ein Fremdkörper in der damaligen Kinderliteraturlandschaft, ein nicht deutscher: »Der Zipferlake« aus Lewis Carrolls *Alice hinter den Spiegeln* (1872), der erst hundert Jahre später vielleicht in Halbeys »Kleine Turnübung« einen Nachfolger gefunden hat; er konnte erst 1963, nach der Übersetzung durch Christian Enzensberger, seine Wirkungsgeschichte in der deutschen Kinderliteratur beginnen. Eine deutsche Variante des poetischen Unfugs (was nicht dasselbe ist wie Nonsense!) produzierten die Häupter des »Allgemeinen Deutschen Reimvereins«, Trojan, Lohmeyer und Heinrich Seidel, aber nur für den *Kladderadatsch*; Kindern wollten die zu ihrer Zeit bekannten Kindergedichtautoren ihre Biertischspäße nicht zumuten.

Wenn denn Richard Dehmels »Frecher Bengel« ein »Manifest des emanzipierten Kindes« war, wie Krüss meinte, dann war es ein wirkungsloses. Der Text steht versteckt in dem Band *Aber die Liebe* (1893), gleichsam ein Bild für Dehmels Schwanken zwischen sozialrevolutionärem Engagement auf der einen und seinem Hang zur weltentrückten Mystik auf der anderen Seite. Als Anti-Struwwelpeter war der mit seiner Frau Paula gemeinsam verfaßte *Fitzebutze* (1900) gedacht, mit dem sie das »Jahrhundert des Kindes« eröffnen halfen. Mit der »Kindermundart« folgten sie der Devise »Kunst vom Kinde aus« und erregten damit sowie mit dem Blasphemieverdacht (vgl. »Wie Fitzebutze seinen alten Hut verliert«) mehr Ärgernis als mit der Anti-Pädagogik, was selbst bei Berücksichtigung der anderen Ausgangslage leicht ersichtlich wird, wenn man den neuen Versuch eines *Anti-Struwwelpeter* von Friedrich Karl Waechter (1970) danebenhält oder auch nur die in der öffentlichen Tradition tabuisierten Kindergedichte von Ringelnatz, die ab 1912 erschienen. Nach der Scheidung des Ehepaars Dehmel wird in späteren Sammlungen der beiden die Erbmasse des *Fitzebutze* säuberlich verteilt; nur 7 der 25 Gedichte werden weiter unter gemeinsamer Autorschaft publiziert. Allein Paula Dehmel schreibt weiter Gedichte für Kinder; sie fehlen in keinem Lesebuch und zeichnen sich nicht durch neue Themen aus, sondern durch ihren volkstümlichen, der Zeit entsprechenden Ton, zum Teil durch sprachliche und rhythmische Ideen. Im Vergleich zu Morgensterns »Das große Lalula« aus seinen *Galgenliedern* (1905), das unter Lehrern und Didaktikern immer wieder zum Streitfall wird, bleiben es brave Wortspiele und Klangmalereien, die Kindern heute noch Spaß machen. Ebenfalls nicht einhellig ist das Urteil über Morgensterns eigentliche Kindergedichte, die vor allem durch Elsa Eisgrubers Bilderbuch *Liebe Sonne, liebe Erde* (1943) bis heute auf dem Markt sind (eventuell auch durch das anhaltende Interesse der Anthroposophen an dem Autor).

Während die wichtigen Anthologien der ersten Jahrhunderthälfte – *Steht auf, ihr lieben Kinderlein*, ausgewählt von Gustav Falke und Jakob Loewenberg (1906) und *Sonniges Jugendland* von Paul Faulbaum (1922) – in erster Linie die »poetae minores«, d. h. die alten und neuen Lesebuchgrößen sammeln, also etwa für die Zeitgenossen Adolf Holst und Alwin Freudenberg, Albert Sergel und Emil Weber, bleiben zwei Autoren mit ihren Kindergedichten völlig unbekannt: Joachim Ringelnatz und Bert Brecht. Beide haben sich übrigens mit dem Kabarett eingelassen – wie ein paar Jahrzehnte später Erich Kästner. Es wird nicht allein der Geruch der Großstadt gewesen sein, der ihren Texten den Weg in die braven Lesebücher versperrte. Selbst die heute so beliebten Ringelnatz-Texte »Die Ameisen«, »Im Park« und »Arm Kräutchen«, entstanden zwischen 1912 und 1931, störten wohl mit ihrer Skurrilität nicht die Denkwelt der Kinder, sondern die der Erzieher, konnten den am 19. Jahrhundert orientierten ästhetischen Normen nicht genügen. Daß die im Vergleich zu andern seiner Gedichte harmlose Volksliedverballhornung mit dem »schlüpfrigen« Schluß und die Gebetsparodie (»Kindergebetchen«) nicht ins Konzept paßten, ist gut verständlich. Nach langen Jahren der Verbannung aus der westdeutschen Kulturlandschaft entdeckte man von Brecht »Die Vögel warten im Winter vor dem Fenster«, das seiner politischen Dimension leicht beraubt und deshalb zum Lesebuchklassiker mit Alibifunktion werden konnte. Erst 1970, im Kontext der antiautoritären Bewegung, paßte ein Text aus seinen »Kinderliedern« von 1937 in das öffentliche Bewußtsein: »Was ein Kind gesagt bekommt«. Das gilt natürlich auch für Kästners bitterböses sozialkritisches »Weihnachtslied, chemisch gereinigt«, das aus seinem ersten Gedichtband *Herz auf Taille* (1928) stammt, der gleichzeitig mit seinem ersten Kinderbuch *Emil und die Detektive* erschien – sicher ursprünglich für Erwachsene geschrieben nach dem alten, immer wieder benutzten Muster der Kontrafaktur, wobei einem bekannten (Kirchen-)Lied ein neuer Text unterlegt wird. Kästner hat im übrigen außer dem

Bilderbuchtext »Das verhexte Telefon« (1931) fast keine Gedichte für Kinder geschrieben: ein merkwürdiges Phänomen! Zunächst als Bilderbuch des bekannten Trickfilmkünstlers Jan Lenica ist auch »Die Lokomotive« des Polen Julian Tuwim bekannt geworden; schon 1938 veröffentlicht, ist es aber erst 1957 in der Nachdichtung von James Krüss (mit anderen Illustrationen) gleichzeitig in der DDR und der BRD erschienen. Abschließend läßt sich über die Zeit bis 1945, genauer bis ans Ende der 50er Jahre feststellen: die wenigen Neuansätze finden keine Nachfolge; sie werden von der Zielgruppe gar nicht wahrgenommen, sondern kommen erst in den 60er Jahren zur Geltung. Lesebücher und Anthologien werden beherrscht von den Gülls und Heys des 19. Jahrhunderts sowie ihren Epigonen, die heute, bis auf wenige Ausnahmen, vergessen bleiben sollten.

1968 erhielt Josef Guggenmos für seine Sammlung *Was denkt die Maus am Donnerstag?* die Prämie zum Deutschen Jugendbuchpreis, ein besonderes Ereignis, denn nur noch einmal in dessen über dreißigjähriger Geschichte sind Kindergedichte öffentlich geehrt worden, 1981 wurde Jürgen Spohns *Drunter & drüber* mit dem Deutschen Jugendliteraturpreis ausgezeichnet. Für Guggenmos bedeutete dies, 10 Jahre nach seinem ersten Gedichtband für Kinder, dem *Immerwährenden Kalender*, und einigen weiteren Bänden, den Durchbruch in die Schulen. Ein österreichischer Verleger hatte ihm die Startchance gegeben; ebenfalls aus Österreich kam 1959 Christine Bustas *Die Sternenmühle*, heute im 65. Tausend noch auf dem Markt: ein für Kinderlyrik erstaunlicher Erfolg.

Das älteste Guggenmos-Gedicht unserer Sammlung, »Auf dieser Erde«, stammt aus seinem frühen Zyklus für Erwachsene *Gugummer geht über den See* (1957). Die Holzschnitte hatte Günter Bruno Fuchs geschaffen; der Band ist im Mitteldeutschen Verlag in Halle erschienen und ein weiteres Beispiel dafür, wie während des »Kalten Krieges« neben Krüss auch andere Autoren in der DDR publizieren konnten. Mit Guggenmos und Busta setzt am Ende der 50er Jahre eine Hochblüte des Kindergedichts ein; 1959 erscheint die von Krüss herausgegebene erste große Anthologie nach dem Krieg *So viele Tage, wie das Jahr hat*, von ungewöhnlichem äußerem Format, das übrigens fünf Jahre später von dem DDR-Pendant *Ans Fenster kommt und seht* fast haargenau übernommen wurde. Und noch ein Merkmal guter Zusammenarbeit zwischen den beiden Teilen Deutschlands: beide Bände hat Eberhard Binder-Staßfurt gestaltet, einer der bekanntesten Kinderbuchillustratoren der DDR. Über die Klassiker des 19. Jahrhunderts bestand weitgehend Einverständnis in beiden »Blütenlesen«; die DDR-Anthologie enthält neun Krüss-Gedichte, aber keinen einzigen Text von Guggenmos. Krüss bekommt einige Hacks-Gedichte, die erst sechs Jahre später in der DDR in den *Flohmarkt* kommen.

In den zehn Jahren bis zum nächsten Meilenstein, Gelbergs *Die Stadt der Kinder* (1969), gibt ein gutes Dutzend von Gedichtbänden Zeugnis von der lebhaften Experimentierfreude der Autoren. Was hat sich geändert bei Guggenmos und Krüss, der 1961 nach Erzählungen und Bilderbuchtexten mit dem *Wohltemperierten Leierkasten* seinen ersten eigenen Gedichtband vorlegte, bei Peter Hacks, Elisabeth Borchers und Hans Adolf Halbey, die 1965 zum ersten Mal Gedichtbände für Kinder veröffentlichten, bei Max Kruse und Michael Ende, die heute durch Geschichten vom Urmel oder durch *Momo* jedem Kind bekannt sind? Gelberg blickt 1969 zurück und fragt: »Gedichte für Kinder – müssen sie eigentlich so altmodisch sein?« Sie waren es und sie bleiben es auch heute, wo immer noch die Moral an ihnen klebt wie Fliegenleim und wo ihr »Gehalt an Realität«, ihre »Redlichkeit« nicht ernst genommen werden. Dabei hat Realität nichts mit dem Abschildern zu tun; das Bild des »Novembers« bei Elisabeth Borchers vermittelt eine andere Wirklichkeit als die Heinrich Seidels: realistisch schreiben (auch für Kinder) bedeutet 1965 etwas anderes als vor hundert Jahren. Eine extreme Distanz zum ›Beschreiben‹ findet sich in der Tradition von Carroll und Morgenstern im

Nonsense, ohne daß er weniger ›wahr‹ die Realität einzufangen vermöchte. Unter den bei Kindern so beliebten Spielformen ist der Nonsense die heikelste: schon die deutsche Übersetzung mit »Unsinn« zeigt die Nähe zum »Blödsinn«, der häufig nicht einmal dem Qualitätsmerkmal des »höheren Unsinns« genügt. Gar zu leicht läuft sich eine gute Idee in Geschwätzigkeit tot. Gelberg bringt die Leistung Guggenmos' auf den gültigen Nenner, »das Geschwätz aus dem Kindergedicht vertrieben zu haben«. Seine Gedichte zeichnen sich aus, kann man ergänzen, durch sprachliche Prägnanz, äußerste Knappheit (nur Wittkamp erreicht ihn darin wieder mit seinem Band *Ich glaube, daß du ein Vogel bist*, 1987) bzw. einen aufgelockerten, prosanahen Zeilenbau (vgl. besonders »Kater, Maus und Fußballspiel« und »Geschichte vom Wind«), das extreme Gegenteil der klappernden Schemata des typischen, leicht lernbaren Schulgedichts darstellt, durch eine sehr differenzierte Reimgestaltung (vgl. »Auf dieser Erde«), durch skurrilen Humor und nicht zuletzt durch eine unaufdringliche, augenzwinkernde Vermenschlichung von Tieren, Pflanzen und Dingen, frei von jeglichem einengenden »Du sollst«.

Fröhlichkeit gab es auch früher in Kindergedichten, aber man suche einmal Parallelen zum »Spatzensalat« oder zu »Der Pfingstspatz«, zu den Sprachspielen von Halbey oder Jandl, der »Teppichlitanei«, »Im Warenhaus« oder »Kinderkram«, wo kunstvoller, als es auf den ersten Blick erscheint, Wortmaterial eines bestimmten Gegenstandsbereichs melodisch und rhythmisch »gefaßt« wird. Das Kind erfährt: alles darf gedacht werden, Phantasie ist erlaubt und wird ernst genommen. *Wo der Gehweg endet*, ist für den Amerikaner Shel Silverstein, wie sein Buchtitel andeutet, noch lange nicht das Ende der Fahnenstange. Aber auch hier droht »das lustige Nichts« (Gelberg), Dutzende von neuen Gedichten, die kaum ein müdes Lächeln hervorrufen, Kindern aber doch Spaß machen sollen! Selten verbinden sich Humor und ernsthafte Belehrung so nahtlos wie z. B. in dem Antikriegsgedicht von Peter Hacks »Ladislaus und Komkarlinchen«.

In wenigen Gedichten, sie stammen vor allem aus jüngster Zeit, werden Kinder direkt zum Nachdenken über Sprache und Dichtung angeregt: besonders deutlich von Eva Strittmatter, die freilich (aus DDR-typischer Sicht?) den Zusammenhang von Erfahrung und Literatur nur in der einen Richtung sieht, während Literatur Erfahrung doch auch simulieren, vorwegnehmen oder in Gang setzen kann. Bydlinski reduziert in »Die Dinge reden« ironisch das Gedicht auf sinnlose Reimwörter; Wiemer führt floskelhaft »Floskeln« vor, ein typisches Verfahren konkreter Poesie, und Auer (S. 243) nimmt am Beispiel »Tisch« die ewige Frage der Kinder und Philosophen auf, warum die Dinge so heißen, wie sie heißen. Damit hängt die andere nach dem Sein zusammen – und Glatz antwortet: »Weil ich bin«. Über dieses Thema hatte Michael Ende 1969 einen Schnurps grübeln lassen. In vier sauber gereimten sechszeiligen Strophen führt das Kind ein Selbstgespräch über das Woher und Wohin des menschlichen Lebens: Die Welt besteht vor dem eigenen Leben und danach – »bloß ohne mich« (S. 190). Dagegen schnoddrig im Ton z. B. in den Reimen Bruder : Luder und Kind : Spind, im ganzen Sprachduktus unterkühlt, läßt Auer das Kind nachdenken, aber die Frage ist noch viel verzwickter: »Wenn statt mir jemand anderer / auf die Welt gekommen wär' ... Ja, sie hätten ihm sogar / meinen Namen gegeben« (S. 246).

Die 70er Jahre versuchen die Trompetenstöße und Theorien des euphorischen Aufbruchs, den man sich angewöhnt hat, »Studentenbewegung« zu nennen, in den Alltag umzusetzen. Daran beteiligt sich die antiautoritäre Pädagogik und eine zugehörige Kinder- und Jugendliteratur. Gesellschaftskritik und Kritik an den überkommenen Erziehungsnormen gehen Hand in Hand. Allzu häufig wurde beim Transponieren in die Kinderbücher übersehen, wovor Heinrich Hannover schon 1974 warnte: »Man kann einem Kind nicht die Ungerechtigkeiten der kapitalistischen Ausbeutung begreiflich machen, bevor es überhaupt seine Bedürfnisse erkennen und sie zu formulieren gelernt hat.« Ob Peter Maiwald das mit seinem Gedicht »Was ein Kind braucht« leisten konnte oder Irmela Brender, deren Text ebenfalls beginnt: »Ein Kind braucht«? Was Kinder nach Meinung der Erwachsenen sich wünschen sollten, hat immer Eingang auch in die Gedichte gefunden. 1922, vier Jahre nach dem mörderischen Krieg, nahm Faulbaum noch immer Gülls Text in sein *Sonniges Jugendland* auf:

> Büblein, wirst du ein Rekrut,
> Merk dir dieses Liedchen gut!
>
> Wer will unter die Soldaten,
> Der muß haben ein Gewehr;
>
> Das muß er mit Pulver laden
> Und mit einer Kugel schwer.

Wie ein Gegentext liest sich Schweiggerts makabre Aufforderung, das Waffenspiel endlich einzustellen: »Was braucht ein Soldat im Krieg«. In beiden Fällen wird ohne Humor und ohne poetische Distanz ein Thema aufgegriffen, von dem auch Kinder hautnah betroffen werden.

Gelberg hatte 1969 festgestellt – und das gilt heute in noch höherem Maße: »Das Kind ist heute durch Fernsehen und Illustrierte über manches bestens informiert. Es darf also vom Elend der Welt geredet werden. – Was aber ist Realität?« – und er antwortet sibyllinisch: »Doch nicht Beschreibung, sondern Übereinstimmung mit der Wirklichkeit.« Gerd Hoffmanns »Blöd« mag ein Beispiel für dieses Realitätsverständnis sein, auch Jürgen Spohns Text, der durch den programmatischen Titel »›Kindergedicht‹« die der Gattung angemessenen Inhalte vorführen möchte, nämlich die Beschreibung der Situation, in der sich Kinder heute befinden, oder Susanne Kilians »Kindsein ist süß«, die nach dem Muster von Brechts »Was ein Kind gesagt bekommt« die Litanei elterlicher Befehle niedergeschrieben hat. Das hört sich (und hörte sich wohl auch vor hundert Jahren) anders an als bei Lohmeyer, der seinem Heini den Rat gibt: »ganz still sein, wenn man spricht«, denn er sei ja »brav und fromm« (S. 68). Einen schönen Rat zum Selbständigwerden läßt Becke eine allein erziehende Frau ihrem Sohn geben: »Du darfst weinen. / Dein Vater wollte das nicht lernen« (S. 179). Erziehung geschieht nicht im Gegeneinander, sondern im gegenseitigen Helfen.

Die zentralen Problemkomplexe der 80er Jahre: Frieden, Ökologie und 3. Welt, tauchen im Kindergedicht zum Teil schon viel früher auf. Obwohl es aber viele Kinderbücher gerade zu dem letzten Themenbereich gibt, findet dieser sich in Gedichten selten. Die frühesten Antikriegsgedichte unserer Sammlung kommen aus der DDR; Kunerts bekanntes »Über einige Davongekommene« (1950) war wohl nicht für Kinder geschrieben, auch Fühmanns »Des Teufels ruß'ger Gesell« stammt (wie sein »Lob des Ungehorsams«) aus einem Gedichtband für Erwachsene, *Die Richtung der Märchen* (1962). Andere Autorinnen und Autoren wenden sich ausdrücklich an Kinder: Aus der DDR Peter Hacks (»Ladislaus und Komkarlinchen«, 1965), aus der BRD Eva Rechlin (»Der Frieden«, 1969), Alfons Schweiggert (»Was braucht der Soldat im Krieg«, 1974) und zuletzt Hildegard Wohlgemuth (»Der Frieden, Kind, der Frieden«, 1984), mit deren Worten sich die Inhalte und Tendenzen resümieren lassen: »Der Frieden ist der Frieden / und ist doch vielerlei« (S. 126); er wird durch das Militär ebenso bedroht wie durch Vergeßlichkeit und Heldenideologie der Menschen; er fängt zu Hause an, bei jedem einzelnen, und er muß im Zusammenleben der Völker sich bewähren (der letzte Aspekt fehlt merkwürdigerweise besonders in den BRD-Gedichten).

Die Gedichte gehen grundsätzlich zwei Wege: sie verurteilen den Krieg und schildern seine Unmenschlichkeit und das Leid oder sie preisen den Frieden und fordern: »Doch wenn man Frieden haben will / muß man ihn selber tun« (Rechlin, S. 188). Das ist beim Thema Umwelt nicht anders; apokalyptische Bilder von der Selbstvernichtung der Menschheit (Spohns »Ernste Frage« und Beckes »Naturlehre«) sind nur die Kehrseite der hellen Utopien, die Sölle

(»Vom baum lernen« und »Weisheit der indianer«), Braem (»Ich schenke dir diesen Baum«) und Auer (»Über die Erde«) entwerfen. »Du bist ein Teil von Allem / und gehörst dazu« (Auer, S. 245) – das ist nicht neuer Spiritismus, sondern die handfeste Aufforderung, die Zerstörung der Natur, den Krieg, »den wir gegen alles / führen« (Sölle, S. 189), zu beenden. Das ist nicht Regression in die Dorf- und Naturidylle des 19. Jahrhunderts – im Gegenteil: Gedichte aus jener heilen Welt lassen sich als Gegenbilder zur aktuellen lesen. Nur wenn wir uns und den Kindern nicht verschweigen, »daß Atomkraftwerke / die Dämmerung / schon eingeschaltet haben« (Becke, S. 179), wenn wir uns gemeinsam der Einsicht Guggenmos' – von 1957! – stellen: »es ist alles so Winter auf dieser Erde« (S. 140), dürfen wir der Idylle trauen, ohne daß sie zur Nostalgie verkommt. Daß jemand seine Umwelt, die Stadt, so annimmt, wie sie ist, mit ihrem Schmutz und Lärm, das ist ein schönes Unikat unter den Kindergedichten (Redings »Meine Stadt«). Ebenso einzigartig ist – in dieser Welt, in der die Zukunft der Kinder bedroht ist – das ›Fürbittengebet‹ von Günter Bruno Fuchs, das nicht für Kinder geschrieben sein muß, auch wenn es »Für ein Kind« heißt (S. 180), mit den Schlußzeilen:

Ich habe den Menschen gesagt, sie mögen dich lieben.
Es wird dir einer begegnen, der hat mich gehört.

Wenn auf diese problemorientierten Gedichte so ausführlich eingegangen wird, dann nur, um zu zeigen, daß in dem Meer an lustigen und geistreichen Texten auch ein paar Inseln zu finden sind, von denen nicht »Schornsteinfeger grüßen mit Taucherflossen an den Füßen« (Frank, 1987) oder »Die Lichtmühle« blinkt (Mucke, 1985). Wohlgemerkt, der fröhliche Surrealismus hat seine Berechtigung, aber Kinder vertragen mehr als Spaß; sie müssen nicht nur in die Sprache eingeführt werden, sondern auch in unsere Welt. Das leisten in kluger Verbindung die seit 1971 erscheinenden *Jahrbücher der Kinderliteratur* und – das läßt sich heute schon sagen – der nächste Meilenstein: Gelbergs Anthologie *Überall und neben dir* (1986), deren Titel eine Reverenz an Joachim Ringelnatz ist.

Anthologien sind wichtige Wegmarken in der Rezeptionsgeschichte von Literatur; die *Deutschen Gedichte* Echtermeyers und von Wieses spiegeln fast eineinhalb Jahrhunderte vor allem des schulischen Lyrikkanons, sind darüber hinaus aber ein Hausbuch gebildeter Schichten geworden. Ein respektables Alter hat schon James Krüss' Anthologie *So viele Tage, wie das Jahr hat*; der Band ist nicht nur eine Sammlung der 1959 als »klassisch« empfundenen Kindergedichte: er enthielt auch Neuheiten in zweierlei Hinsicht. Der Herausgeber nahm Originalbeiträge auf u. a. von Peter Hacks, und er ›eroberte‹ für die Kinder Texte, denen vorher von Pädagogen ihre ›Kindgemäßheit‹ noch nicht attestiert worden war. Auch dieser Band ist zum Hausbuch geworden (wozu auch beigetragen hat, daß er bis heute im Programm einer Buchgemeinschaft ist), aber – er endet zu einer Zeit, als eine neue Phase der Kinderlyrik gerade begann. Diese Lücke will *Die Wundertüte* schließen; etwa zwei Drittel ihres Bestandes stammen aus den letzten drei Jahrzehnten. Im Unterschied zu den Sammlungen *Die Stadt der Kinder* (1969) und *Überall und neben dir* (1986) sowie den ebenfalls fast nur Originalbeiträge bietenden *Jahrbüchern der Kinderliteratur*, von denen dank der ästhetischen und verlegerischen Kreativität Hans Joachim Gelbergs entscheidende Impulse auf das neue Kindergedicht ausgegangen sind, enthält der vorliegende Band überwiegend »Gesichertes«, also Texte, die aus alten und neuen Lesebüchern oder Gedichtsammlungen aus dem Schulbereich übernommen wurden,* und die eine gewisse Klassizität gewonnen haben. Er soll jedoch keine akademische Beispielsammlung zu einer Geschichte des Kindergedichts sein, denn als weiterer Aspekt ist die Auswahl von der Frage geleitet: was findet heute noch das Interesse von

---

* Mit Ausnahme der allerjüngsten Texte und derer von Mucke, die in der BRD völlig unbekannt zu sein scheinen.

Kindern? Dabei werden die vorlesenden Erwachsenen oder Geschwister (oder auch Lehrer?) am besten abschätzen können, welche Gedichte jeweils für ihre Zuhörerinnen und Zuhörer »passen« – und Kinder werden, selbst lesend, ihre Lieblingstexte auswählen und so verstehen, wie sie wollen.

Auf die sonst vielfach übliche *thematische* Anordnung wurde verzichtet. In vielen Fällen sind die »Schubladen« nur bedingt geeignet; die Offenheit der Deutung, das Lesen auf verschiedenen Ebenen wären behindert. Und außerdem: wo nicht alles Zusammengehörende schon beisammensteht, wird das Stöbern gefördert, kann es Erkundungen und Überraschungen geben. So fiel die Entscheidung für eine historische Anordnung der Gedichte in zweifacher Hinsicht: nach dem Geburtsjahr der Autoren und bei den einzelnen Autoren wiederum nach dem Zeitpunkt der ersten Veröffentlichung der Gedichte. Ob diese grobe chronologische Reihenfolge schon bei Kindern ein Bewußtsein von alten und neuen Gedichten anbahnen kann, muß offen bleiben; wünschenswert wäre es. Um die Texte eines Autors nicht zu zerstreuen, um den ›Ton‹ eines Dichters (und eventuell seine Entwicklung) erfassen zu können, wurden die teilweise erheblichen Verschiebungen in Kauf genommen, die durch das Jahr des Erstdrucks einerseits und das Geburtsjahr als Ordnungskriterium andererseits bedingt sind. Christine Busta (geb. 1915) z. B. erscheint mit ihren Gedichten sehr früh, und die zwanzig Jahre, die zwischen ihren beiden Bänden (1959 und 1979) liegen, sind nicht unmittelbar wahrnehmbar.

Übersetzungen sind gerade im Bereich des Lyrischen oft Notlösungen; deshalb sind nur vier Autoren aufgenommen worden (Carroll, Richards, Tuwim, Silverstein), von deren Gedichten besonders gelungene Nachdichtungen vorliegen.

Literaturhinweise

Altner, Manfred: Die Entwicklung der sozialistischen Kinder- und Jugendlyrik in der DDR von 1945–1975. Berlin [Ost] 1976.
Gelbrich, Dorothea: Lyrik für Kinder. In: Weimarer Beiträge 24 (1978) H. 5. S. 38–72.
George, Edith: Zur Ästhetik und Leistung der sozialistischen deutschen Lyrik für Kinder. Berlin [Ost] 1977.
Franz, Kurt: Kinderlyrik. Struktur, Rezeption, Didaktik. München 1979.
– Kinderlyrik. In: Neun Kapitel Lyrik. Hrsg. von Gerhard Köpf. Paderborn 1984. S. 127–146.
Kliewer, Heinz-Jürgen: Elemente und Formen der Lyrik. Ein Curriculum für die Primarstufe. Hohengehren 1974.
Motté, Magda: Moderne Kinderlyrik. Frankfurt a. M. 1984.
Sichelschmidt, Gustav: Die deutschen Kinderliedanthologien. In: Die deutschsprachige Anthologie. Hrsg. von Joachim Bark und Dietger Pforte. Bd. 2. Frankfurt a. M. 1969. S. 222–245.
Steffens, Wilhelm: Das Gedicht in der Grundschule. Strukturanalysen, Lernziele, Experimente. Zugleich Lehrerhandbuch zum Gedichtband »Klang, Reim, Rhythmus«. Frankfurt a. M. 1973.

Verzeichnis der Überschriften und Anfänge

A E I O U (Halle)	156
Abendlied (Claudius)	26
Ach, wer doch das könnte! (Blüthgen)	75
8 W8soldaten (Manz)	202
Achterbahnträume (Manz)	202
Als der Mensch unter den Trümmern (Kunert)	192
Als die Prinzessin den Ring verlor (Wittkamp)	230
Also, es war einmal eine Zeit (Ende)	190
Am Abend spielte ein Hauch (Guggenmos)	146
Ameisenkinder (Krüss)	172
An auf hinter neben in (Wohlgemuth)	122
An die Mutter zum Muttertag	187
An einem Tag (Hanisch)	128
Anja (Kreft)	226
Anja, sieben Jahre alt (Kreft)	226
April (Seidel)	71
April! April! Der weiß nicht, was er will (Seidel)	71
Arm Kräutchen (Ringelnatz)	101
Auch wenn ihn eine Mücke sticht (Busta)	121
Auf dem Kirschbaum Schmiroschmatzki (F. Hoffmann)	118
Auf dem Markt in Bengalen (Guggenmos)	151
Auf dieser Erde (Guggenmos)	140
Auf einem Gummi-Gummi-Berg (Anonym)	20
Auf einem Markt in Bengalen (Guggenmos)	151
Auf einer Meierei (Seidel)	72
Auf meiner Schaukel in die Höh (R. Dehmel)	85
Aufgezwackt und hingemotzt (Halbey)	155
August (Borchers)	165
Ausfahrt (Falke)	76
Axel und ich auf dem Schulhof (Hanisch)	128
Baden (Mucke)	215
Ballade vom schweren Leben des Ritters Kauz vom Rabensee (Hacks)	180
Begegnung (Guggenmos)	151
Bei der Picknickpause in Pappelhusen (Halbey)	153
Bericht aus der Natur (Manz)	204

Besuch der alten Dame (Mühringer)	129
Bitten der Kinder (Brecht)	107
Blöd! (G. Hoffmann)	204
Bunt sind schon die Wälder (Salis-Seewis)	34
Chaplin (Mucke)	212
Chaplin hat eine weiße Taube (Mucke)	212
Chiwa Chotan Samarkand (Reinig)	176
Cola schmeckt wie Wanzengift (Nöstlinger)	219
Da hatte ich Scharlach (Jentzsch)	226
Da oben auf dem Berge (Wittkamp)	231
Damals (Heller)	237
damals, damals, sagen die Leute (Heller)	237
Das Ährenfeld (Hoffmann von Fallersleben)	39
Das alizarinblaue Zwergenkind (von Münchhausen)	94
Das bucklige Männlein (Anonym)	19
Das Dorf (Reinick)	49
Das Feuer (Krüss)	169
Das Fischlein im Weiher (Guggenmos)	148
Das Gewitter (Guggenmos)	141
Das große Lalula (Morgenstern)	89
Das Haus des Schreibers (Frank)	220
Das Huhn und der Karpfen (Seidel)	72
Das ist ein Mann oder eine Frau (Mucke)	216
Das Liebesbrief-Ei (Janosch)	199
Das verhexte Telefon (Kästner)	109
Daß er wie Löwenzahnsamen fliegt (Busta)	119
Daß Kücken wachsen mit den Tagen (Mucke)	214
Dem Rumpelstilzchen geht's nicht gut (Bletschacher)	212
Der Bratapfel (Koegel)	79
Der Elefant hat zwei sehr lange (Kunert)	193
Der Faule (Reinick)	50
Der Frieden (Rechlin)	188
Der Frieden, Kind, der Frieden (Wohlgemuth)	126
Der Kinderfreund, Herr Habakuk (Busta)	120
Der Kuckuck und der Esel (Hoffmann von Fallersleben)	41
Der liebe Gott sieht alles (Brecht)	106
Der Milchtopf (Michaelis)	29
Der Mond ist aufgegangen (Claudius)	26
Der Pfingstspatz (Hohler)	229

306

Der Pflaumenbaum (Brecht)	106
Der See hat eine Haut bekommen (Morgenstern)	91
Der Sommer (Busta)	120
Der Spiegel (Baumann)	118
Der Spiegel ist ein Tropf (Baumann)	118
Der verdrehte Schmetterling (Lobe)	112
Der Wald ist endlos (Wittkamp)	231
Der Walfisch (Hacks)	184
Der Walfisch ist kein Schoßtier (Hacks)	184
Der Winter (Hacks)	185
Der Winter ist ein rechter Mann (Claudius)	28
Der Zipferlake (Carroll)	66
Des Abends, wenn ich früh aufsteh (Anonym)	25
Des Teufels ruß'ger Gesell (Fühmann)	137
Die Ameisen (Ringelnatz)	98
Die Amsel singt (Kleberger)	131
Die Angst vor Streit und Haß und Krieg (Rechlin)	188
Die Ausnahme (Ende)	191
Die bösen Beinchen (P. Dehmel)	81
Die Dinge reden (Bydlinski)	247
Die drei Spatzen (Morgenstern)	90
Die Drossel singt (Strittmatter)	198
Die einfältige Glucke (Mucke)	214
Die Erfindung (Mucke)	218
Die fliegende Kaffeemühle (Mucke)	215
Die Frösche (Goethe)	32
Die fünf Hühnerchen (Blüthgen)	76
Die Gäste der Buche (Baumbach)	70
Die große Lok ist heiß (Tuwim)	103
Die Häuser sollen nicht brennen (Brecht)	107
Die heil'gen drei Könige aus Morgenland (Heine)	38
Die Heinzelmännchen (Kopisch)	41
Die Jungen werfen zum Spaß (Fried)	131
Die knipsverrückte Dorothee (Krüss)	167
Die Lokomotive (Tuwim)	103
Die Schafe hatten sich aneinandergedrückt (Guggenmos)	144
Die Schatzgräber (Bürger)	30
Die Schaukel (R. Dehmel)	85
Die Schaukel (Seidel)	73
Die schöne, junge Lilofee (Anonym)	20
Die Strafe (Mucke)	216

307

Die traurige Geschichte vom dummen Hänschen (Löwenstein)	60
Die Tulpe (Guggenmos)	143
Die Wiege, die Hühnerstiege (Ferra-Mikura)	158
Die Wohnung der Maus (Trojan)	69
Die Wühlmaus (Endrikat)	102
Die Wühlmaus nagt von einer Wurzel (Endrikat)	102
Dorfmusik (Dieffenbach)	62
Dornresal/Dornröschen (Wittmann)	242
Dornröschen war ein schönes Kind (Frank)	221
Dorothea kriegte gestern (Krüss)	167
Draußen kreischt die Straßenbahn (Kruse)	136
Drei Mäuse besprachen die ernste Frage (Spohn)	208
Du bist ein Mensch mit einem eignen Kopf (Kunert)	194
Du sechsmal ums Salzfaß gewickelter Heringsschwanz! (Halbey)	155
Dunkel war alles und Nacht (Guggenmos)	143
Dunkel war's, der Mond schien helle (Anonym)	21
Ein dicker Sack (Busch)	64
Ein Elefant ging stracks und stramm (Neumann)	174
Ein Elefant marschiert durchs Land (Guggenmos)	143
Ein Eskimomädchen (Guggenmos)	142
Ein ganz kleines Reh stand am ganz kleinen Baum (Ringelnatz)	99
Ein großer blauer Falter ließ sich auf mir nieder (Arp)	102
Ein großer Teich war zugefroren (Goethe)	32
Ein Holländerkind, ein Negerkind (Baumann)	117
Ein Huhn verspürte große Lust (Janosch)	199
Ein Hund, ein Schwein, ein Huhn, ein Hahn (Baumann)	117
Ein Kind braucht seine Ruhe (Brender)	210
Ein kleiner Hund mit Namen Fips (Morgenstern)	90
Ein kluger Knabe, er hieß Hans (Manz)	202
Ein Leben war's im Ährenfeld (Hoffmann von Fallersleben)	39
Ein Lied, hinterm Ofen zu singen (Claudius)	28
Ein Männlein steht im Walde (Hoffmann von Fallersleben)	40
Ein Mädel, das Schneewittchen war (Kumpe)	237
Ein Metterschling (Lobe)	112
Ein Murmeltier zum Murmeltier (Spohn)	205
Ein Riese hatte Riesenhände (Rathenow)	247
Ein Sauerampfer auf dem Damm (Ringelnatz)	101
Ein Schauder (Spohn)	208
Ein Schauder stieg am Bahnhof aus (Spohn)	208

Ein Schnurps grübelt (Ende)	190
Ein sehr kurzes Märchen (Ende)	191
Ein Traktor kommt um die Ecke gerattert (Halbey)	153
Ein Winzer, der am Tode lag (Bürger)	30
Eine berühmte Prinzessin (Frank)	221
Eine flinke Haselmausmutter (Mucke)	218
Eine Gute-Nacht-Geschichte (Busta)	121
Eine Kuh, die saß im Schwalbennest (Anonym)	25
Eines Tages werden andere in unseren Häusern leben (Kordon)	230
Eins zwei drei, Herr Polizist (Janosch)	199
Eins. Zwei. Drei. Vier (Brecht)	107
Eislauf (Holst)	88
Elefant im Großstadtlärm (Neumann)	174
Eletelefon (Richards)	177
Er braucht einen Säbel (Schweiggert)	240
Er ist's (Mörike)	46
Er trägt einen Bienenkorb als Hut (Busta)	120
Erdgeschoß. Hier gibt es Bücher (Wohlgemuth)	123
Erfindung (Silverstein)	113
Ernste Frage (Spohn)	208
Es freit' ein wilder Wassermann (Anonym)	20
Es ist ein Bäumlein gestanden im Wald (Rückert)	35
Es kommt eine Zeit da machen die Vögel Hochzeit (Borchers)	164
Es kommt eine Zeit da wachsen die Bäume (Borchers)	165
Es kommt eine Zeit da hat die Sonne (Borchers)	165
Es kommt eine Zeit da lassen die Bäume (Borchers)	166
Es lebte einst in Heidelberg (Frank)	222
Es tanzt ein Bi-Ba-Butzemann (Anonym)	22
Es war ein alter Ritter (Hacks)	180
Es war einmal ein Elefant (Richards)	177
Es war einmal ein kleiner Spitz (Reinick)	53
Es war einmal ein Landsknecht (Hacks)	183
Etwas endet und etwas fängt an (Kilian)	228
Februar 1945 (Jentzsch)	226
Fern im heißen Indien (Guggenmos)	151
Fink und Frosch (Busch)	65
Fips (Morgenstern)	90
Fliegt, ihr Strahlenkrönchen (Sergel)	97
Floskeln (Wiemer)	111
Frecher Bengel (R. Dehmel)	84

Fritzchen an den Mai (Overbeck)	33
Fritze (Claudius)	26
Fritzens ganze Familie (Weber)	94
Frühling (Kleberger)	131
Frühling läßt sein blaues Band (Mörike)	46
5 Jahre alt (Spohn)	206
Fünfter sein (Jandl)	162
Für ein Kind (Fuchs)	180
Fürs Familienalbum (Manz)	203
Gefroren hat es heuer (Güll)	57
Gefunden (Goethe)	31
Gemäht sind die Felder, der Stoppelwind weht (Blüthgen)	75
Geschäftsgeist (Neumann)	175
Geschichte vom Wind (Guggenmos)	146
Gestern abend um halb achte (Sichelschmidt)	113
Gestern hab ich mir vorgestellt (Wittkamp)	232
Gibt es fliegende Untertassen? (Mucke)	215
Gibt es noch Bäume (Mühringer)	129
Goldene Welt (Britting)	103
Guten Abend, liebe Kinder (Stempel/Ripkens)	160
Guten Morgen! – Sollt ich sagen (Lohmeyer)	68
Guten Morgen, ihr Beinchen! (P. Dehmel)	81
Gutenachtliedchen (P. Dehmel)	82
Haben Katzen auch Glatzen? (Ende)	191
Hänschen will ein Tischler werden (Löwenstein)	60
Haferschluck, der fromme Löwe (Busta)	120
Hans (Manz)	202
Hast du schon einmal über einen TISCH nachgedacht? (Auer)	243
Hänsel und Knödel, die gingen in den Wald (Ende)	191
Heimatlose (Ringelnatz)	99
Herbst (Kleberger)	133
Herbstlied (Salis-Seewis)	34
Herr Schneck (Kruse)	134
Herr von Ribbeck auf Ribbeck im Havelland (Fontane)	59
Heut singt der Salamanderchor (Gernhardt)	224
Heute ist das Wasser warm (Holst)	88
Heute nach der Schule gehen (Reinick)	50
Heute nacht träumte mir (Falke)	77
Heute, Kinder, wolln wir's wagen (Holst)	88

Himpelchen und Pimpelchen (Anonym)	22
Hinter dem Schloßberg kroch es herauf (Guggenmos)	141
Hinterm Haus sitzt seit Stunden der Kater (Guggenmos)	145
Hoch auf dem Zaun der Gockelhahn (Dieffenbach)	62
Hörst du, wie die Flammen flüstern (Krüss)	169
Holler, Boller, Rumpelsack (Sergel)	97
Honig, Milch und Knäckebrot (Spohn)	205
Humorlos (Fried)	131
Ich atme ein, ich atme aus (Glatz)	225
Ich bin ein kleiner Junge (R. Dehmel)	84
Ich bin fast gestorben vor Schreck (Ringelnatz)	99
Ich bin schon manchmal aufgewacht (Lenzen)	137
Ich bin, du bist, wir sind (Kruse)	135
Ich erzähl die Geschichte von Jimmy Spät (Silverstein)	114
Ich frag die Maus (Trojan)	69
Ich geh mit meiner Laterne (Anonym)	23
Ich ging im Walde so für mich hin (Goethe)	31
Ich glaube, auch den Fischen (Mucke)	213
Ich hab's erfunden (Silverstein)	113
Ich habe gebetet (Fuchs)	180
Ich heiße Fritz (Weber)	94
Ich kannte einen Regenwurm (Guggenmos)	151
Ich lag auf der Wiese und sah in die Luft (Mucke)	216
Ich muß mich, dachte Tante Ellen (Senft)	157
»Ich reime mich auf Zuckerbäcker« (Bydlinski)	247
Ich schenke dir diesen Baum (Braem)	236
Ich schiele (Nöstlinger)	219
Ich stehe am Fenster und schaue hinaus (Kreidolf)	87
Ich war mal in dem Dorfe (Blüthgen)	76
Ich weiß einen Stern (Guggenmos)	140
Im Apfelbaume pfeift der Fink (Busch)	65
Im Baum, im grünen Bettchen (Reinick)	52
Im Herbst (Reinick)	54
Im Herbst muß man Kastanien aufheben (Kleberger)	133
Im Hofe steht ein Pflaumenbaum (Brecht)	106
Im Mondgras träumt ein schwarzer Elefant (Busta)	121
Im Nebel ruhet noch die Welt (Mörike)	47
Im Park (Ringelnatz)	99
Im See (Holst)	88
Im September ist alles aus Gold (Britting)	103

Im Warenhaus (Wohlgemuth) 123
Im Winter geht die Sonn (Hacks) 185
Immer dasselbe bei uns nach fünfe (G. Hoffmann) 204
In der Minute, die jetzt ist (Rechlin) 186
In der Purzelbaumschule (Schulz) 130
In der Stadt Frankfurt auf der Zeil (Neumann) 175
In dieser Minute (Rechlin) 186
In einem Haus schellt das Telefon (Guggenmos) 152
In einem Haushalt gibt's zu tun (Guggenmos) 149
In einem leeren Haselstrauch (Morgenstern) 90
In Hamburg lebten zwei Ameisen (Ringelnatz) 98
Irgendwann fängt etwas an (Kilian) 228

Jeden Tag die Erde mit den Füßen berühren (Sölle) 189
Jimmy Spät und sein Fernsehgerät (Silverstein) 114
Junger Naturforscher (Kahlau) 200

Kater, Maus und Fußballspiel (Guggenmos) 145
Katharina (Manz) 201
Katharina, Katherine (Manz) 201
Kennt ihr wohl den Unfuggeist (Schanz) 78
Kinder, kommt und ratet (Koegel) 79
Kindergebetchen (Ringelnatz) 100
Kindergedicht (Spohn) 205
»Kindergedicht« (Spohn) 206
Kinderhände (Baumann) 117
Kinderkram (Stempel/Ripkens) 160
Kinderküche (Bletschacher) 211
Kinderlied vom raschen Reichwerden (Kunert) 192
Kinderszene (Mörike) 48
Kindsein ist süß? (Kilian) 227
Kleine Gäste, kleines Haus (Mörike) 47
Kleine Turnübung (Halbey) 155
Kletterbüblein (Güll) 57
Komm, lieber Mai, und mache (Overbeck) 33
Konzert ist heute angesagt (Dieffenbach) 63
Korczak und die Kinder (Wohlgemuth) 124
Krimi (Frank) 222
Kroklokwafzi? Sememeni! (Morgenstern) 89

Ladislaus und Komkarlinchen (Hacks)	183
Laternenlied (Anonym)	23
Leise, Peterle, leise (P. Dehmel)	82
Lesestunde (Baumann)	117
Leute, höret die Geschichte (Wohlgemuth)	124
Lieber Doktor Pillermann (P. Dehmel)	84
Lieber Gott, ich liege (Ringelnatz)	100
Lieber, ßöner Hampelmann! (P. und R. Dehmel)	86
Lied vom Monde (P. Dehmel)	83
Lied vom Winde (Mörike)	45
Liedchen aus alter Zeit (Brecht)	107
Lob des Ungehorsams (Fühmann)	139
Löwenzahn (Sergel)	97
Löwenzahn (von Strauß und Torney)	93
Lottchen, Lottchen (Fröhlich)	159
Lustiger Mond (Sichelschmidt)	113
Märchen (Arp)	102
Mai (Borchers)	164
Maikäfer (Frank)	222
Maikäfer, Du (Frank)	222
Mama auf der Alm (Manz)	203
Maria schickt den Michael auf den Schulweg (Becke)	178
Marmelade, Schokolade (Krüss)	170
Marmelade, Schokolade kaufen Sie bei mir! (Krüss)	170
Mausfallen-Sprüchlein (Mörike)	47
Mein Glück (Kruse)	136
Mein Vater (Nöstlinger)	219
Mein Wagen (P. Dehmel)	81
Mein Wagen hat vier Räder (P. Dehmel)	81
Mein weißer Wal am blauen Himmel (Bulla)	241
Meine Stadt (Reding)	196
Meine Stadt ist oft schmutzig (Reding)	196
Meine Tante Ernestine (Fröhlich)	159
Mietegäste vier im Haus (Baumbach)	70
Mitten im kalten Winter (Timm)	228
Morgen werd ich dir zeigen (Becke)	178
Morgen, Kinder, wird's nichts geben! (Kästner)	108
Morgens früh um sechs (Anonym)	23
Morgens Milch mit Haferflocken (Reding)	195

Nachdem mich die verflixte, ekelhafte Wespe (Manz)	204
Nackt den heißen Körper kühlen (Mucke)	215
Närrische Träume (Falke)	77
Naturlehre (Becke)	179
Nebel (Kreidolf)	87
Nein, was hab ich gelacht! (von Münchhausen)	94
Nein, nein! und nochmal nein! (Hanisch)	127
Neues vom Rumpelstilzchen (Bletschacher)	212
Neulich waren bei Pauline (Kästner)	109
Nichts gelesen, nichts geschrieben (Wittkamp)	232
Niemand (Schanz)	78
Noch grau der Himmel (Mucke)	217
Noch immer ist alles wie gestern (Wölfel)	157
Noch nie hab ich meinen Schatten gewaschen (Silverstein)	116
November (Borchers)	166
November (Seidel)	74
Nüsseknacken (Sergel)	97
Nun hebt auf jedem Wiesenplan (von Strauß und Torney)	93
Nun mag ich auch nicht länger leben (Claudius)	26
offengestanden mir fehlen die worte (Wiemer)	111
Ostern (Wölfel)	157
Ottos Mops (Jandl)	162
Ottos Mops trotzt (Jandl)	162
Pampelmusensalat (Halbey)	153
Pantomime (Mucke)	216
Pitsch – patsch – Badefaß (P. Dehmel)	80
Puppendoktor (P. Dehmel)	84
Ratet, ihr Leut, was kochen wir heut? (Bletschacher)	211
Regen (Lenzen)	137
Regenwetter (Halm)	56
Reich und immer reicher werden (Kunert)	192
Robo (Guggenmos)	149
Sausewind, Brausewind! (Mörike)	45
Schattenwäsche (Silverstein)	116
Schimpfonade (Halbey)	155
schlaf zua (Wittmann)	242
Schlitten vorm Haus (Falke)	76

Schneewittchen (Kumpe)	237
Schularbeiten machen (Wohlgemuth)	122
Seereise (P. Dehmel)	80
September (Borchers)	165
Septembermorgen (Mörike)	47
Sie waren sieben Geißlein (Fühmann)	139
Singet leise, leise, leise (Brentano)	35
So geht es in Grönland (Guggenmos)	142
Solchen Monat muß man loben (Seidel)	74
Sommer (Kleberger)	132
Sonne hat sich müd gelaufen (Reinick)	54
Spatzensalat (F. Hoffmann)	118
Steht ein Kirchlein im Dorf (Reinick)	49
Steigt das Büblein auf den Baum (Güll)	57
Still! Ich weiß was. Hört mal zu (Freudenberg)	92

Tante Ellen (Senft)	157
Tante Klara macht am Abend (Halle)	156
Taschenmesser, Luftballon (Stempel/Ripkens)	160
Teppichlitanei (Reinig)	176
Thomas überlegt (Lehna)	248
Tischrede (Auer)	243
Traktor-Geknatter (Halbey)	153
Trotzdem (Halbey)	154
Tu dies! Tu das! (Kilian)	227

Über den Klatschmohn gebeugt (Kahlau)	200
Über die Erde (Auer)	244
Über die Erden (Auer)	245
Über die Erden muaßt barfuß gehn (Auer)	245
Und als der Soldat aus dem Krieg kam (Fühmann)	137
und weinte bitterlich (Jandl)	163
Ungenügend (Guggenmos)	151
Über einige Davongekommene (Kunert)	192
Überfluß und Hungersnot (Reding)	195
Übermorgen bin ich verreist (Wittkamp)	232

Verdaustig wars, und glasse Wieben (Carroll)	66
Verkündigung (Guggenmos)	144
Verlassenes Haus (Guggenmos)	152
Verlegen blickte der Bär mich an (Wittkamp)	232

Vermutung (Mucke)	213
Viel weniger bekannt als der Osterhase (Hohler)	229
Vieles ist aus Holz gemacht (Ferra-Mikura)	158
Vielleicht (Wittkamp)	230
Vielleicht hast du morgen ein Königreich (Wittkamp)	230
Vier ... (Spohn)	205
Volkslied (Ringelnatz)	98
Vom Bäumlein, das andere Blätter hat gewollt (Rückert)	35
Vom baum lernen (Sölle)	189
Vom braven Oliver (Hanisch)	127
Vom Büblein auf dem Eis (Güll)	57
Vom Norden der Winter kam heut in der Nacht (Kleberger)	133
Vom Riesen Timpetu (Freudenberg)	92
Vom schlafenden Apfel (Reinick)	52
Vorfrühling (Mucke)	217
Waldkonzert (Dieffenbach)	63
Was braucht ein Soldat im Krieg? (Schweiggert)	240
Was ein Kind braucht (Maiwald)	239
Was ein Kind gesagt bekommt (Brecht)	106
Was gehn den Spitz die Gänse an? (Reinick)	53
Was ist das für ein Wetter heut (Halm)	56
Weihnachtslied, chemisch gereinigt (Kästner)	108
Weil ich bin (Glatz)	225
Weisheit der indianer (Sölle)	189
Weißt du, was das Fischlein im Weiher macht (Guggenmos)	148
Weißt du, wie der Sommer riecht? (Kleberger)	132
Weißt du, wie still der Fischer sitzt? (Busta)	121
Wenn das heiße Mittagslicht (Bulla)	241
Wenn der Bär nach Hause kommt (Wittkamp)	232
wenn die langen Samstage kommen (Timm)	228
Wenn die Mama morgens schreit (Halbey)	154
Wenn die Möpse Schnäpse trinken (Krüss)	172
Wenn die Sonne untergeht (Becke)	179
Wenn die weißen Riesenhasen (Gernhardt)	223
Wenn ein Auto kommt (Guggenmos)	149
Wenn ein Kind geboren ist (Maiwald)	239
Wenn es Winter wird (Morgenstern)	91
Wenn ich zwei Vöglein wär (Ringelnatz)	98
Wenn ich sage: Die Drossel singt (Strittmatter)	198
Wenn statt mir jemand anderer (Auer)	246

Wer hat Ameisenkinder gesehn? (Krüss)	172
wer ruft ins loch (Härtling)	185
Wettstreit (Hoffmann von Fallersleben)	41
Wie es die Hühner machen (Guggenmos)	149
Wie finden Sie das liebe Kind? (Mörike)	48
Wie Fitzebutze seinen alten Hut verliert (P. und R. Dehmel)	86
Wie gut, daß ein Hase nicht lesen kann (Wittkamp)	235
Wie Heini gratulierte (Lohmeyer)	68
Wie kann man übers Wasser laufen (Gernhardt)	223
Wie man zu seinem Kopf kommt (Kunert)	194
Wie schön sich zu wiegen (Seidel)	73
Wie war zu Köln es doch vordem (Kopisch)	41
Wiedersehen (Manz)	203
Wiegenlied (Brentano)	35
Will ich in mein Gärtlein gehn (Anonym)	19
Willkommen an Bord (Stempel/Ripkens)	160
Wind, Wind, sause (P. Dehmel)	83
Winter (Kleberger)	133
Wir wären nie gewaschen (Rechlin)	187
Wo bin ich gewesen? (Trojan)	69
Wo holt sich die Erde die himmlischen Kleider? (Busta)	119
Wo ist die Zeit (Spohn)	209
Wo ist die Zeit vom letzten Jahr (Spohn)	209
Wohl aufgeschürzt, mit starken, weiten Schritten (Michaelis)	29
Wovon träumt der Astronaut auf der Erde? (Busta)	119
Wunsch (Kordon)	230
Zähne (Kunert)	193
Zeit-Wörter (Kruse)	135
Zu Regensburg auf der Kirchturmspitz (Anonym)	24
Zufall (Auer)	246
zum auszählen (Härtling)	185
Zur Theorie der Purzelbäume (Schulz)	130
Zwei Freunde, sie hatten sich lange nicht gesehen (Manz)	203
Zwei Pferde gingen bekümmert (Guggenmos)	140

Brüder Grimm
Kinder- und Hausmärchen

Ausgabe letzter Hand mit den Originalanmerkungen der Brüder Grimm. Mit einem Anhang sämtlicher, nicht in allen Auflagen veröffentlichter Märchen und Herkunftsnachweisen herausgegeben von Heinz Rölleke.

Bd. 1: Märchen. Nr. 1–86. UB 3191[5]
Bd. 2: Märchen. Nr. 87–200. Kinderlegenden Nr. 1–10.
Anhang. Nr. 1–28. UB 3192[6]
Bd. 3: Originalanmerkungen, Herkunftsnachweise, Nachwort.
UB 3193[7]

Auch als Jubiläumsausgabe in Kassette erhältlich.

Dazu *Ludwig Harig* in der ZEIT: »Die komplette Sammlung dieser Märchen (Kassette mit drei Bänden samt den Originalanmerkungen) ist als Jubiläumsausgabe bei Reclam erschienen; es ist, als trete man über einen dicken Zauberteppich von Paul Klee in die Märchenwelt ein, so duftig und gedämpft ist der Umschlag von Jürgen Reichert gestaltet, und wenn man wieder aus ihr heraustritt, dann sollte man es nicht tun, ohne auch das Nachwort des Herausgebers Heinz Rölleke gelesen zu haben: Er rollt den Teppich gleichsam wieder zusammen, und es bleibt nichts daruntergekehrt. Mich hat am meisten beeindruckt die Sorgfalt, mit welcher er beschreibt, wie sehr das Märchen seinen Zauber und seine Wirkung durch sich selbst, seine sprachliche Beschaffenheit, seine poetische Kraft entfaltet.«

Philipp Reclam jun. Stuttgart

Reclam Lesebuch

Nachdenkliches, Vergnügliches und Spannendes in attraktiver
Ausstattung zu freundlichen Preisen

Casanova
Aus meinem Leben
Aus dem Französischen übersetzt von Heinz von Sauter.
Auswahl und Nachwort von Roger Willemsen

Arthur Conan Doyle
Die Abenteuer des Sherlock Holmes
Aus dem Englischen neu übersetzt, mit einem Nachwort von
Klaus Degering. Mit Abbildungen

Gespenster-Geschichten
Herausgegeben von Dieter Weber

Goethe-Brevier
Herausgegeben von Johannes John. Mit Abbildungen

Reclams Weihnachtsbuch
Erzählungen, Lieder, Gedichte, Briefe, Betrachtungen.
Herausgegeben von Stephan Koranyi. Mit Illustrationen von
Nik Rothfuchs

Trinkpoesie
Gedichte aus aller Welt
Herausgegeben von Mark Bannach und Martin Demmler.
Mit Illustrationen von Hanns Lohrer

Die Wundertüte
Alte und neue Gedichte für Kinder
Herausgegeben von Heinz-Jürgen Kliewer. Mit Illustrationen

Philipp Reclam jun. Stuttgart